壹卷
YE BOOK

让思想流动起来

知道 Know

福柯

其思其人

Foucault

Sa pensée, sa personne

［法］保罗·韦纳 著
赵文 译
PAUL VEYNE

四川人民出版社

图书在版编目（CIP）数据

福柯：其思其人 /（法）保罗·韦纳著；赵文译. —成都：四川人民出版社，2023.9
ISBN 978-7-220-13193-6

Ⅰ.①福… Ⅱ.①保… ②赵… Ⅲ.①福柯(Foucault, Michel 1926—1984)—哲学思想—研究 Ⅳ.①B565.59

中国国家版本馆CIP数据核字（2023）第054875号

©Editions Albin Michel-Paris 2008
FOUCAULT, SA PENSÉE, SA PERSONNE by Paul VEYNE
四川省版权局著作权合同登记号：图［进］21-23-206

FUKE：QI SI QI REN

福柯：其思其人

（法）保罗·韦纳著　赵文译

出版人	黄立新
策划统筹	封　龙
责任编辑	李沁阳
版式设计	张迪茗
封面设计	周伟伟
责任印制	周　奇
出版发行	四川人民出版社（成都三色路238号）
网　　址	http://www.scpph.com
E-mail	scrmcbs@sina.com
新浪微博	@四川人民出版社
微信公众号	四川人民出版社
发行部业务电话	（028）86361653　86361656
防盗版举报电话	（028）86361653
照　　排	四川胜翔数码印务设计有限公司
印　　刷	成都东江印务有限公司
成品尺寸	140mm×210mm
印　　张	8.75
字　　数	160千
版　　次	2023年9月第1版
印　　次	2023年9月第1次印刷
书　　号	ISBN 978-7-220-13193-6
定　　价	72.00元

■版权所有·侵权必究

本书若出现印装质量问题，请与我社发行部联系调换
电话：（028）86361656

目录

导　言　　　　　　　　　　　　　　　　　　　/ 001

每个事物在全部历史中都是独异的："话语"　　　/ 005
除了历史，没有"先天之物"　　　　　　　　　/ 035
福柯的怀疑论　　　　　　　　　　　　　　　　/ 063
考古学　　　　　　　　　　　　　　　　　　　/ 093
普世主义、普遍概念、后成论：基督教的开端　　/ 103
别管海德格尔怎么说，人毕竟是理智的动物　　　/ 117
自然科学与人文科学：福柯的规划　　　　　　　/ 139
真理的社会学历史：知识、权力、装置　　　　　/ 167
福柯败坏了青年？他对比扬古绝望？　　　　　　/ 201
福柯与政治　　　　　　　　　　　　　　　　　/ 227
独行侠的肖像　　　　　　　　　　　　　　　　/ 247

致谢　　　　　　　　　　　　　　　　　　　　/ 268
译后记　　　　　　　　　　　　　　　　　　　/ 269

导　言

不，福柯不是结构主义思想家，也不是某种"六八年思想"的结果；他既非相对主义者亦非历史主义者，他更不会到处追踪探查意识形态。在今天，在这个时代，他之为人甚是稀有，他是一位怀疑论思想家①，他所信仰的是真理，但又从来不是观念的真理，而是存在于事实当中，存在于无以计数的历史事实当中的真理——这种真理也进入了他的著作。他不承认存在任何超验原则。而他又绝非虚无主义者：他承认人类自由（这是一个常常出现于其文本中的词）的存在，他并不认为形而上学和宗教基础的丧失——即便这已然被确证为"祛魅"的信条——会让自由却步于拥有信仰、追求希望、表达愤怒和进行反抗（他本人就是个榜样：福柯是

---

① 约翰·莱赫曼（John Rajchman）：《米歇尔·福柯：知识的自由》（*Michel Foucault: La liberté de savoir*, Paris, 1987），第8页。"福柯是我们时代伟大的怀疑者。他怀疑独断的统一性和哲学人类学。他是关于离散（dispersion）和独异性（singularité）的哲学家。"

某种知识分子、新型知识分子中的斗士；在政治方面，福柯也是一位革新者）。但他又认为对他的斗争加以揣测、对他的愤怒进行喋喋不休的谈论——或是对之进行概括——是错的，也是没摸到要害的。"不要用思想把真理价值的冠冕加之于政治实践"①，他这样写道。

他不是他所信仰的人与人性主体之敌；他只是认为，这个主体既不可能获得什么由天上降下来的绝对真理，也不可能在这种真理的天国中实现任何主权行动；他只能通过回击这些真理或革新它们来做出行动。他很像蒙田——却与海德格尔针锋相对②，认为"我们没办法同存在（Être）相沟通"③。可是福柯的怀疑主义并没有让他惊呼："哦！万事皆可疑！"若你愿意，则可以这样来说：这个"六八年人"是一位经验主义者，一位致力于理解力（entendement）而非任何专断的理性（Raison）的哲学家。由于没有执着

---

① 《言与文》第三卷（Dits et Écrits, III），第135页。
② 在《言与文》第四卷（Dits et Écrits, IV, éd Defert et Ewald, Paris, Gallimard, 1994）第703页，福柯说过海德格尔以及对其著作的阅读曾对他而言很重要。但依我陋见，无论是《存在与时间》还是海德格尔有关尼采的巨著，福柯都读得不算多，后一本著作事实上才对他产生了重要的作用，这种作用是悖论性的，使他成了尼采主义者而非海德格尔主义者。另本书以下引用《言与文》皆缩写为DE。
③ 蒙田：《随笔》第二卷，"雷蒙·塞邦赞"。

于这种理性，他才甚少涉及有关人类状况、作为对此状况之反抗的自由及其有限性的泛泛之论。事实上，福柯主义（foucaldisme）乃是自有其一套统一性和原创性——它们的基础是历史批判——的经验人类学。下面就让我们进入细节。

为了清晰起见，我首先声明一下我的两条工作原则。1. 对人类历史而言，至关重要的首先不是权力、经济，等等，而是真理：什么样的经济制度会坦承自身是错误的呢？同时，这种历史真理之疑难无关于对德雷福斯是否清白或毒气室是否实际存在的任何质疑——绝对无关。2. 如果说历史的理解力就其自身来说就是要竭尽所能地推进它对某特定时期的分析的话，那么它必定会从对社会及其思想形式的关注推进到以普遍真理为对象——而特定时期里的思想就如玻璃缸中的鱼一样对这普遍真理浑然不觉，被框范其中。

这一位怀疑论者同时是一个双重存在。只要思想着，他就停驻在那玻璃缸之外，以便能观察其中游动的鱼。但若是在生活里，他就会发现他自己也置身于玻璃缸中，自己则是众多鱼中的一条，必须面对抉择，去选择他该在即将到来的选举中把票投给哪一位候选人（纵使他无法断言他的选择是以真理为基础的）。这位怀疑论者既是一位观察者，置身于他对之深感忧惧的鱼缸之外，同时又是那些金鱼中的一条。

然而，这种双重性绝非悲剧式的。

这本小书的主人公就是这样的观察者，他的名字叫米歇尔·福柯，一位纤细、优雅且决断的人，任何事和人都不可能使他让步后退，他以如金刚般勇猛的智识使笔如剑。是故，我曾以《独行侠与金鱼》为此书标题。

每个事物在全部历史中都是
独异的:"话语"

《疯狂史》出版的时候，有几位极具善意的法国历史学家（我本人也是其中一个）没能马上意识到该书的广度和意义；我以为福柯仅仅是在证明我们有关疯狂的观念在几个世纪里发生了极大的变化，此外就再没有向我们说出什么了：我们已经知道，人类现实已经显示出了某种彻底的偶然性（以"文化的独断性"为人所周知），或者说，人类现实归根到底是多样的和可变的；不存在历史常态，也不存在天然的本质或对象。我们的前辈形成了有关疯狂、性、惩罚与权力的种种奇特观念。情况看上去似乎是我们已然默认了谬误时代一去不复返，并确信我们比前辈们做得更好且已经发现了他们曾苦苦摸索的真理。"希腊文本对爱的谈论与其时代的思想相一致"，我们会这样对自己说。但是我们的时代有关爱的思想好于他们的么？面对这个给我们提出的看似琐碎且不合时宜的问题，我们定然不会加以关注。但我们——即便是在今天——以严肃态度并在哲学层面思考过这个问题吗？福柯严肃地思考了。

我那时并未意识到，福柯默不作声地加入了现代思想中的重大争论之一：真理与它的对象是一致的，还是不一致的？它与它的陈述——被假定为常识的陈述——是相似的还是不相似的？实际上，基本上不可能判断我们是否能知道真理相似于它的陈述与否，因为我们再也无法提供对质的信息来源，只能放过这个疑难。与尼采、威廉·詹姆斯、奥斯汀、维特根斯坦、伊安·哈金等人一样（尽管他们各自有自己的观点），福柯也认为知识不可能是实在的忠实镜像。无论是理查·罗蒂[①]，还是福柯，都确信在这镜像当中，或者说在知识的这种"镜子"论当中，在其自身物质性之中存在的对象是与我们借以认识它的种种形式框架无法分离的——福柯选了"话语"这个不那么能传达其义的词来称呼这些形式框架。无非就是这样。

认为真理与实在不相符的这种真理观，由于某种误解，使得一些人认为[②]，在福柯看来，疯人非疯，而有关疯狂的

[①] 理查·罗蒂（Richard Roty）：《哲学与自然之境》（*Philosophy and the Mirror of Nature*, Princeton, 1979）；法文版由马歇斯（Marchaisse）翻译，题为《镜子人》（*L'Homme spécularie*, Seuil, 1990）。
[②] *DE*, vol.IV, 第726页："对我的阐释认为我说疯狂不存在，但问题恰恰相反。"另可参看《生命政治的诞生：法兰西学院课程 1978—1979》（*Naissance de la biopolitique, cours au Collège de France 1978-1979*, Paris, Hautes Études, Gallimard-Seuil, 2004）第5页。

言说不过都是意识形态。甚至像雷蒙·阿隆这样的人也没能以别的方式去理解《疯狂史》，并向我坦言他的想法；但福柯却坚称疯狂是再真实不过的：你只需看一看疯人便会确信这一点。他是对的。福柯自己说过，疯狂虽然并非如其话语所言那样存在，但也并非"什么都不是"①。

那么福柯是如何理解"话语"的呢？相当简单：话语是对某种历史构成（formation historique）最为精确和切近的、不加文饰的描述，是对该历史构成的终极特殊差异的揭示②。而要把握可被断代的独异性的绝对差异则必需一种领会的理智努力：必须把使得这种绝对差异变为非例外并使之合理化的那些过度的褶皱事件剥除净尽。

在其首部著作中，"话语"分类构成了福柯试探性的出

---

① 米歇尔·福柯：《安全、领土、人口》（*Sécurité, territoire, population*, édition Ewald, Fontana, Senellart, coll. Hautes Études Gallimard-Seuil, 2004），第122页："我们当然可以说'疯狂不存在'，但这并不意味着它什么都不是。"

② 这里有一个直接的例证。M.I. 芬利（M.I. Finley）指出，在荷马以及整个古代，"女人被认为天生卑贱，因而其职责仅被限于生儿育女和负责家务"，见《尤利西斯的世界》（*Le Monde d'Ulysse*, trad. Vernant-Blanc et Alexandre, Maspero, 1983, p. 159）；H. 蒙萨克雷（H. monsacré）则分析得更为细致："只有触及了不可被归并入男性特征的那一部分时，才算是真正对女人做出了深刻的分析。"见《阿基里斯的哭泣：荷马史诗中的英雄、女性和苦难》（*Les Larmes d'Achille : le héros, la femme et la souffrance dans la poésie d'Homère*, Paris, Albin Michel, 1984, p. 200）。

发点——那种"话语"正是我们所谓的疯狂（或旧称的"非理性"）；后来发表的著作在其他主题方面示范了他得之于对细节经验关注的那种怀疑论哲学；然而他本人却从未明确论述过他的教义，他把这个艰巨得可怕的任务留给了他的评注者们①。在这里我将努力把这个人、这个伟大的朋友——在我看来，这个伟大的心灵——的思想给我自己解释一番。我将大量引用他的《言与文》，因为不像他在主要著作中所做的那样，他在《言与文》中涉及自己的教义基础更多。

在开始之前，让我们先看一个例子。设想一下我们准备书写一部几个时代里的爱与性的历史。读者将从中获知异教徒或基督徒在这一人所熟知的问题上经历了观念和实践的诸多变迁——我们若是做到了这一点，似乎就可以对自己的工作感到满意了。再设想一下，如果我们做到了这一点，仍旧有些让我们感到忧心的东西，感到应该有更深入的分析；比如说吧，希腊或中世纪的作家使用特殊的词语或措辞进行表达，而无论我们对这类特殊措辞进行怎样的分析，总有

---

① 达尼埃尔·德菲（Daniel Defert）已经指出过这一点，见其文"权力之间的暴力以及对福柯的阐释"（La violence entre pouvoirs et interprétations chez Foucault），《暴力：弗朗索瓦·艾里迪埃研讨班》第一卷（De la violence, Séminaire de Françoise Héritier, Odile Jacob, 2005, vol. I）第105页。福柯很少条分缕析地说明自己的哲学。

某种分析不尽的东西、某种暗含的意义存留下来，蕴含着我们无法看清的东西。除非对它视而不见，它就总是让我们感觉到它是文本中的冗余表达、一种近似表达，是文本中死去的东西，我们应该做出额外的努力去把它所蕴含的东西搞清楚——这就是我们要做的。

可范围远超我们的视线：变异一旦被彻底搞清，那个永恒的主题也彻底消失，而取代它的是更多的变异，它们前后相续但又各自差异，这些变异就是我们所说的古代的"快乐"，中世纪的"肉身"和现代的性。它们是人们对某个绝对实在、或许还超历史的内核先后形成的三种普遍的观念，这个内核又总是不能直接呈现的、包藏在那些普遍观念之中。不可能直接呈现，或更确切地讲，不可能被释放出来：我们最终只能得出一种"话语"。

让我们设想，我们多亏了某种科学"程序"而探知了同性恋的某些科学因素（在福柯看来，科学并非空谈）：比如说吧，我们知道了同性恋趋向源自基因（但在我看来这是个没有道理的假说）。可是，然后呢？然后怎么办？同性恋实际是什么呢？我们怎么去对真理中的这一部分——无论这部分是大还是小——进行处理呢？福柯希望这里存在某种"话语"，这种"话语"所围绕的只是与解剖学或生理学而非个体身份相关的无用细节，总之，是我们仅在床上或只与我们

的医生讨论的细节:

我们真的需要**真实的性**吗?〔粗体强调为福柯本人所加〕现代西方社会以一种近乎偏执的一致性对此做出了积极的反应。这些西方社会不断地在事物的秩序之中重提"真实的性"这个问题,因为只有在事物的秩序之中,人们才可能想象该问题所涉及的无非是身体的现实性及身体的快感强度①。

古代的爱是有关阿芙洛狄忒式"快感"——它们是绝不可疑的"快感"——的"话语",这种"话语"涉及的是"快感"在伦理上和城邦中的控制。这个时代里的爱的姿态既羞怯又无罪感,在这个时代里,放荡者夜晚秉烛行乐而非在黑暗之中,在这个时代里城邦的道德既不区分爱中的性别也不区分爱中的主动和被动角色。唐璜式的人物也将被视作女性气十足——这是这个时代里自我控制的标准,在这个时代里对舐阴的强迫症式斥责(不管怎么说,这种行为都是被实践着的)是对性别等级的颠覆,在这个时代里男同性恋者是快乐的,因为他就像食用洋蓟心一样追逐自己对爱的

---

① *DE*, IV, 116。

欲望。

相较于爱，另一个例子不那么让人愉快：各个时代里的刑法。在"旧制度"之下惩罚是严酷的，反映着那个时代行事方式的野蛮性——这样说是不够的。在那个时代，至上的王权通过可怕的肉刑将自身的"强力"加之于反叛的主体，以便让所有人看到惩罚的可怖性以及反抗势力与国王权威之间的不平衡性，让各色人等看到惩罚这一报复的盛典。进入启蒙时代之后，由专门的职能部门以隐蔽方式实施的惩罚，以预防与矫正为目的；监禁成为一种强制性的技术训练，旨在使不守法的公民养成新习惯[①]。这当然是一个人道化的过程，但我们也必须进一步意识到这一过程不仅仅是一种改善，而是一种总体转型。

15世纪以前，被判死刑者的死亡要在罗马帝国的竞技场中被搬演为舞台上的神话表演；死囚被打扮成自焚而死的赫拉克利斯，然后被活活烧死；信奉基督教的妇女被装扮成达那依德并在处刑之前遭到强暴，或是被打扮成迪尔斯再将她绑在公牛角上。这些都是些讽刺性的舞台效果，每一次行

---

① 我这里简化了福柯在《规训与惩罚：监狱的诞生》（*Surveiller et punir: naissance de la prison*, Gallimard, 1975）中给出的分析，可参看该著第133—134页。

刑都是一场笑剧（ludibrium）；面对着公民的这具身体，行刑者希望对之极尽折磨，同时又当面嘲笑以表明受刑者不是强者。相继而起的那些话语，都体现在刑法、犯罪行为、机构、权威、习惯，甚至建筑之中，而所有体现着"话语"的这些方面也都构成了福柯所说的"装置"（dispositif）。

我们可以看到，我们被清空了所有先入为主之见，而开始面对"具体事实"[①]。我们还发现种种变异是如此具有原生性，乃至于它们每一个本身都构成了一个主题。我使用了"主题"与"变异"这两个词，但福柯本人对事情有更好的表达；1979年，他在自己的笔记本中写下了这样的话："不要用历史筛子过滤万事万物；相反，对以无视万事万物为思路的历史要加以规避。"[②] 从存在论层面上讲，只有变体是实存的，而"超历史的主题"之类的表达毫无意义。与马克斯·韦伯及所有优秀历史学家一样，福柯也是唯名论者。具有启发性的是，最好从实践细节、所做所言的细节出发，然后再搞清楚它们周围所包覆的"话语"是什么；这样做，较之于从普遍的、人所共知的观念出发，能得出更多成果（但

[①] 参看 *DE*, IV, 635："以实践为研究领域，着眼于人之所为展开研究。"

[②] *DE*, I, 56。

对历史学家同时也对读者来说更为困难①），因为从大观念出发，我们往往会固执于观念而罔顾终极的、至关重要的那些差异——而在这些差异面前，大观念将会化为乌有。

让我们再从肉刑返回快感。我们已经可以轻易地在异教徒的快感与基督教的"肉身"概念（这种"话语"既涉及肉体原罪，也继而涉及自然，因为自然是一种神圣造物）之间作出区分。随后还有其他的"话语"，比如说，继起的有关于"性"的现代话语②，这一话语由生理学、医学、精神病学等多方要素协力推动而成；还可能继之以后现代"性别"研究话语，其中伴随着"性别"研究的还有女性主义和自我生成的可容忍性——或确言之，成为自我之主体权利——及其类似言说（迪迪埃·埃里蓬可能在这个问题上会说：精神分析无法容忍这些言说）。此外，我们还能感觉到，包覆着爱的每一种"话语"是一整套围绕它被安排起来的相关要

---

① 无可争议的是，福柯的著作是难读的，这让接受了更为传统的学术训练的历史学家们深感窘迫，他们却还冒险地对那些著作进行批评（我想到了——比如说吧——福柯对阿尔忒密多鲁斯《梦之判断》所做阐释招致的嘲笑，这种嘲笑几乎是很不得体的）。

② 参看 *DE*, III, 311—312; 另可参看阿诺德·戴维森（Arnold I. DAVIDSON）：《性的出现：历史知识型与概念的构成》（*L'Émergence de la sexualité : épistémologie historique et formation des concepts*, trad. Dauzat, Albin Michel, 2005），第79—80页。此书原版为 *The Emergence of Sexuality*, Harvard, 2001。

素：习惯、言语、知识、规范、法律和机构；我们最好还是来谈谈话语实践——或者用一个具有意义荷载的、我们将会加以详论的词来说：装置①。

试想：我们所看到的不再是平常的爱的概念，相反我们发现了具体时代里所特有的种种小事，发现了此前未受注意的那些细节。我们已经让所涉及的那个时期里爱之被淹没的部分得以呈现。可见的部分，那只是摆在我们眼前的可见部分，有着再熟悉不过的外表；可是我们一旦必须搞清楚不可见的、未进入意识的那部分，"不完整的并且是碎片式的"对象就会显现出来②，其外形很不规则，与任何可见的形状皆不相符，并且再也无法被此前遮挡着它的宏大壮观的褶曲帷幔遮住了。那种轮廓让我们想起了国家与国家在历史过程中形成的边界线，追溯它们的成因就会发现那是历史偶然性的折曲，而非来自自然边界。

当然，我们的性与疯狂的观念（这种观念被一种无意识的、隐含的"话语"紧紧包裹着，这"话语"又在以最精确的方式言说着我们无法看见的独异性和奇特性）——这种观念与其话语一道指向了"事物自身"（如果我能允许

---

① 使用"装置"一词使福柯避免了再用"结构"的概念，这样也就避免了牵涉当时颇为流行而又相当混乱的那种结构主义观念。
② 《知识考古学》（*L'Archéologie du savoir*），第157页。

我使用康德意义上的这个词的话），也就是说，指向了它自命代表的那个实在。性与疯狂是现实存在的，并非意识形态的发明。无论你再怎么思辨，事实依然是人乃是性的动物，正如精神分析与性本能所证明的那样。诸多世纪以来，围绕爱与疯狂形成的所有思想都标明了它们的存在，或者标示了这些事物之物自体的场所。但我们无法充分地掌握这些事物的真理，因为我们只能通过在每个时代里被构成的观念（而此类观念所属的话语是其终极构成，是绝对差异）才能与这些事物打交道。所以我们仅能在"现象"层面与这些事物相照面，不可能使物自体抽离于话语——话语式物自体隔绝于我们，或用福柯喜欢说的那样，"为沙土掩埋"。若无这些"前见"，我们将一无所知：如果没有"话语"，客体X——依次被视作神灵附体、癫狂、精神失常、痴呆，等等的这个客体——虽仍旧存在，但在我们的思想中却不再可能留有它的场所。

关键在于，所有的现象都是独异的，每种历史的和社会的事实都是一个独异存在；福柯认为，之所以不存在普遍的、超历史的真理，原因在于属人的事实——行为或词语——并非来自自然，而是有着自身的起源；它们并不忠实地反映它们所指向的客体。对它们的概括只能产生误导，而它们的功能性也源自假定——它们独特的话语只让它们具有自身的独异性。这些属人的事实每时每刻都源自偶然性的发展，是起作用的因果性的复杂网络的结果；人类历史的基石并非现实性、理性、功能性和辩证法。我们必须"澄清事件的独异性，剔除所有单一的目的性"①或功能论。福柯以未曾言明的方式向社会学家和历史学家给出了建议（这种建议就算未经他提示，也已经被付诸实践了②），希望他们把对历史和社会构成的相关分析尽可能地做深入推进，从而呈现出历史和社会构成的独异特性来。

作一总结：被那些大词所遮盖的思想和现实（"话语"和"话语实践"）要狭窄得多，而且具有不规则的边缘。这

---

① *DE*, II, 136。
② 这方面的例子在我看来包括L.博尔坦斯基（L.Boltanski）和L.（L. Thévenot）的《合法化》（*De la justification*, Paris, Gallimard, 1991）以及P.罗桑瓦隆（Rosanvallon）的著述。后者在2001年描述自己的方法时说，他之所以获得了一些"思想"，是因为他把历史当作"积极的呈现"来书写，这种呈现方式"标出了可能存在的事物的领域与可被思考的事物的领域之间的边界"，只有以这种呈现方式来书写历史，才能"超越事物的秩序和表现的秩序之间那种被普遍接受的区分"；他还补充说道，政治史"不能仅限于对主要著作的分析与评述"。我们在福柯那里也能看到类似的信条。在《野蛮人的谱系学》（*Généalogie des Barbares*, Odile Jacob, 2007）当中，R.-P. 德洛瓦（R.-P. Droit）描述了将野蛮人与非野蛮人加以区分的话语所构成的"历史边界"不断游移的过程。当然，我的意思并不是说这些作者都将福柯视作自己的灵感来源；但他们所做分析的高度细致性，他们的分析不依赖于普遍且深入现实，这些都能让人想到福柯。

里还有一个例证，它可以说明在普遍的、超历史的观念——这些观念往往是错误的——与细小的事实之间存在着一条鸿沟，它的真理是能被验证的。在有些时期里，具有包容的政治观点的天主教徒能够将他所主张的更大的经济平等和财富再分配之类支持社会主义的观点与符合教义的慈善观联系起来。可是他所信奉的这种宗教何以直到19世纪出现工人运动以来才有可能想象这种观念呢？天主教从未考虑过废除奴役。

大约在公元前300年左右，基督徒拉克坦提马斯（Lactantius）就指出过，人分贫富也分主奴。他接着说，世间到处皆不平等，平等是不存在的；不平等与正义不相容，因为正义取决于人生而平等这一事实。他也承认基督徒之间也同样有贫富和主奴之分，然而他平静地解释说基督徒可以相互平等对待、互称兄弟，因为关键在灵而不在身；奴隶们只是身为奴隶，而在灵的层面人人皆兄弟。慈善就是一个大词，把施舍以及寓于基督之中的宗教友爱观这类小的姿态收入自身之中。所以在1865年前的美国南部，大地主在黑奴贸易市场上购买奴隶时很在乎黑奴是否已经受洗。

每个时代都有它自己的那个鱼缸

福柯的思想随着时间的流逝而愈加清晰,但他的技术性词汇历经这么多年还未能被规范化,他就是借助着"话语"——同时还有与话语实践、预设、知识型以及"装置"——这类词汇使那些独异性得以为人所知的。为了不使我们陷入这些不同的词语的泥潭,我们最好只关注一个要点:我们总是用一些普遍观念来思考人的事物,我们相信这些观念与人的事物相一致,但人却从未做过那样的事,人既不理性也不普遍。我们的常识对此猝不及防,因而也亮起了红灯。

而某种安慰剂式的幻觉又让我们求助于那些普遍观念,借以想象每一种"话语",进而我们便再次无法辨识话语的多样性和它们各自具有的独异性。由于我们借助这些方便的——也是概括性的——观念去思考,所以"话语"一直都是"无意识"的,因而总是逸出我们的关注之外。亚里士多德在《物理学》的开篇指出,小孩子会把所有的男人叫"爸爸",把所有的女人叫"妈妈"。所以急需某种被福柯称为"考古学"或"谱系学"(容后我将细谈)的历史研究来澄清话语。这样一种考古学将会起到使神话得以祛魅和清算的作用。

每当我们触及现象的那个绝对差异——也就是说描述着

现象的那个话语——的时候，就不可避免地会发现这现象是奇特的、武断的、无理据的（我们把对这些现象之界定比喻为历史边界的形成）。总结：越是深入地进入大量的现象，我们就越会发现所有这些现象的独异性和无理据性，这将会引导我们对知识进行哲学批判，把我们导向属人的事物是没有基础的这样一种认识，导向质疑普遍观念的怀疑论（当然这种怀疑论针对的只是普遍观念，而非德雷福斯的清白性或条顿堡森林战役的确切日期所具有的那种具体性）。

不以普遍观念言说的历史著作和物理学著作自然承载着真理。但毕竟哲学家所探讨的人类并不是至高的主体：他决定不了时间和真理："我们每个人只能够在我们自己的时代去思考"，福柯的巴黎高师同学和哲学教师资格会考同伴让·端木松（Jean d'Ormesson）如是说——他在这方面是认同于福柯的；他继续说道："亚里士多德、圣奥古斯丁，直到博叙埃，他们都未能做到去谴责奴役；只有到许多世纪以后，对奴役的谴责才不证自明。"用马克思的话说，人类只能为自己提出他自己能解决的难题。奴役和与之相适应的一整套法律和心理框架一旦崩塌，奴役的真理也会随之崩解。

在每个时代里，同时代人都被封闭在话语之中，就像身处一个玻璃鱼缸中一样，他们意识不到鱼缸，看不到鱼缸就在那儿。错误的概括和"话语"依时代的变化而变化。但在每一个时期内，它们都被认作真理。真理（la vérité）因而总是被化简为讲述真理（dire vrai），简化为时代所囿限的对真理的容忍度之内的言说——尽管这种言说总会被后来时代的人们觉得可笑。

在时间语境中探讨真理构成了福柯式研究的原创性。让我们首先用一个简单的例子来对此做出说明：福柯的工作，就像海德格尔的工作一样，背后潜藏着一种对真理的心照不宣，有着一种让人束手无策的关于真理的无言之言：古代和近代的人类历史构成了一个巨大的坟场，埋葬着那些已死的大真理。近百年来——或更确切地说，近千年来——这一点已经逐渐地清晰起来；而在如此漫长的时段之中，哲学思考了许多东西，却唯独没有思考过这个基本真理；每个思想者——黑格尔、孔德、胡塞尔——都竭力想成为靠一己之力为谬误时代画上句号的人。然而福柯相反却选择了以那片坟场为难题，并从一种个人的、令人意外的视角探究这一难题；这需要对"话语"做深入的考掘，以澄清历史地层之间的绝对差异，进而让最后那一批普遍观念走向终结。

换言之，绝大多数哲学的出发点是哲学家——或一般意义上而言的人——与存在、世界或神之间的关系。而就福柯而言，他的出发点则是人们以为理所当然的事物间的差异，人们又是如何来言说他们信以为真的事物；或者说，即便这些人中的大多数都已死去，福柯也会以他们在不同的时代中可能会怎样说并怎样做为出发点。总之，他以历史为出发点，并从中选取有待阐释的样本（疯狂、惩罚、性），为的是搞清楚潜藏着的"话语"并由此得出一种经验人类学。

要搞清一种"话语"或话语实践就必须解释人们之所行和所言，还需要对人们的行动、词语、制度的前提做出理解——这实际上是我们每时每刻都在做的事：我们每个人时刻都在相互理解。福柯所使用的工具，也就是说他所使用的阐释学，他的意义解释方式正是人们日常所使用着的①。破除普遍观念的怀疑论并不会对这种日常实践造成影响。他为了揭示他人的行为与言语中所包含的意义而使用的这种解释学紧扣这一方向展开，而既非要在古代的爱中去发现永恒的爱欲，亦不是让这种爱欲与精神分析或什么哲学人类学有什么瓜葛。对他人的所言和所行进行理解，就像是演员做

---

① 人与另一人——无论生者与死者——之间相互关系既包含着主动性也包含着接受性（其心灵借助词语或行为，甚至借助习惯、制度、信条或实践等"客观心灵"，以及这些实践所包含的意义将这种主动性和接受性转译给自身）。这种理解关系，撇开其正确与否不谈，是人的条件的一个主要方面，而且也是一个不可化简的起点，正是这一事实使得历史理解成为可能。在面对自然现象——尤其是那些超常的自然现象——时，人只有相信它们是（大写）心灵的产物或就是（大写）心灵才能理解这些现象（或自认为理解这些现象）。

的事情，为了理解要饰演的角色，演员就得进入到人物之内。设若演员恰好还是一位历史学家，那他还得成为一位剧作家，以便为他的角色编织剧本并寻觅能表现人物的词句（概念）。

我应该顺带立即补充说明一点：这种只以调查经验数据的有效意义为要务的解释学，恰恰与20世纪60年代的"语言学转向"针锋相对，后者有时候最终会使坚实的有效明证——福柯如此钟爱这种有效的明证——消失在无休止的阐释之中（"文本的意义因时间且因其阐释者不同而异"①）。记得在什么地方读到过一篇攻击文字，矛头直指"多由福柯门徒所创的后现代思潮，这种思潮把所有东西都相对化，并主张事物无非就是阐释"。"门徒"何所指，我不清楚，但就福柯本人而言，这个论断错得离谱：福柯确信

---

① 是的，每个人都能够以他自己觉得适合于自己念头的方式阐释文本，但无论对之作何阐释，文本毕竟还存在在那里。对"语言学转向"和伽达默尔的反对，可参看R. 夏尔蒂埃（R Charier）：《立于崖边：在确定性与焦虑之间的历史》（*Au bord de la falaise, l'histoire entre certitude et inquiétude*, lbin Michel, 1998）第87—125页；R.科塞尔洛克（R. Koselleck）：《时间层叠：历史研究》（*Zeitschichten, Studien zur Historik*, Suhrkamp, 2000）第99—118页；埃贡·福莱格（Egon Flaig）：《新文化史中的儿童精神病》（Kinder krankheiten der neuen Kulturgeschichte），载《法律史学刊》（*Rechtshistorisches Journal*）1999年第18卷，第458—476页。

文本有别于文本阐释，他的根本方法是把文本作者放置在其时代之中去做出尽可能精准的理解。

实际上，我们在福柯那里可以发现一种解释学实证论：我们对自我、世界和善无法有确切的认识，我们只能相互理解——这里的我们既包括生者，也包括死者。至于我们的理解正确与否，则另当别论（好的理解的前提条件是，你必须属于某个传统的一部分，或者充分进入别的传统之中：不可能一蹴而就为希腊文化研究者），但我们毕竟是能相互理解的。

鉴于"思想的不可通约性"原则，这就是一种解释学（请诸位牢记，意识并非思想之根本）："凡是经验，从某种意义上说，都是思想。"历史事实"当然不能独立于社会历史的种种决定因素"，但是人之所以能对这些决定因素有所经验，只能"借助思想"。阶级利益或经济生产关系可能是"普遍结构"；生产力和蒸汽机或许构成了"对社会存在的具体的决定性影响"①，但是它们必须经过思想才能进入经验并构成事件。这在某种意义上证明了使用"话语"一词的合理性，因为毕竟相对于蒸汽机而言，思想离言语更近。

---

① *DE*，IV，580。又参看*DE*，I，571："马克思没有对生产关系史作出过说明，他解释的是已经被呈现为一种解释的关系，这种关系被表述为天然的。"

这种解释学采用的方法如下：出发点不应该是将"具体实践"——既被思考的又被理解的"具体实践"，即便它们是以沉默的方式发生的——的可理解性用普遍概念格栅进行过滤，相反我们应该从那些实践本身出发、从奇异的"话语"出发，它们要求我们必须"——如果可以这么说的话——让普遍概念通过这些实践构成的格栅"，这样我们才能发现过去的真理，才能认识到"普遍并不存在"①。用福柯自己的话来说，"我的起点是这样一个决断——它既是理论的也是方法论的，可以一言以蔽之：假设根本不存在普遍概念"，比如说，不存在疯狂，或者确切地讲，那只是一个假概念（即便有着某种实在与它相对应）；这样一来，"对于这些看起来与假设的疯狂相符的不同事件和不同实践，我们可以书写怎样的历史"？② 正是这些事件和实践在我们眼前建构起真实的"疯狂"，不再让事物仅仅是绝对的实在，不可被认知、无法被察觉、不能被确定或被命名。只能被当作独异性来对待，别无他途——否则疯狂或所有属人事物要

---

① 《生命政治的诞生》（*Naissance de la biopolitique*, éd. Ewald, Fontana, Senellart, Hautes Études, Gallimard-Seuil, 2004），第4—5页。
② 同上书，第5页及第26页注释4，在此处，福柯对我在1978年告知他的东西有所修正；也可参看*DE*, IV, 634："对疯狂、犯罪或性等普遍概念的拒绝，并不意味着它们所指向的事情并不存在，或它们仅仅是有着相关利害的欺骗性的意识形态。"

么不可知，要么被曲解。

独异性，我们用这个词来说明：现象之话语在该词的两层含义上都是独异的，一方面，它们是奇特的，另一方面也无法纳入我的概括，每一话语的存在都自有其类型。所以，为了区别这些话语，我们最好还是从细节出发，反其道行之①，把权力的具体实践、其程序、其手段，等等这些当作我们的出发点。这样一来，我们就能够对那个在18世纪达到其完成形式的"话语"——一套真实的实践——做一澄清了。福柯把这种话语描述为"治理主义"（gouvernementalité），它既有别于中世纪的"正义国家"（État de justice）话语，也有别于文艺复兴时期的"行政国家"（État administratif）话语。还有另一种反道之行：在《规训与惩罚》当中，福柯觉察到惩罚方法并不存在多少连续性，相反在旧制度的惩罚——当时，主权者"将他的全部暴力加之于被折磨人的身上"——"与我们今天的监狱制度之间"存在着某种默而不宣的差异。

通过运用或"滥用"一种福柯特有的比喻，他宣称自己"致力于清理出一片自治的领域，即前意识知识的领域"，或者说致力于"在科学与人类知识中去发现一种与潜意识相

---

① 《生命政治的诞生》，第4—5页。

类似的某种东西"①。"意识从未在"话语的"这些类型的叙述中呈现过"②。"话语"一直"是不可见的"并且构成了**"被言说的事物**（着重为引者所加）——而不是说话的人——的前意识"，构成了"这样一个层面，永远逸出"当事人的"意识之外"，他们"在这个层面里说话但却对此毫无知觉"③。

显然，"前意识"只是一个比喻；在我们的头脑中不存在前意识，无论是福柯还是别人所说的那种前意识；所以，"前意识"在这里应该读作"意在言外"（implicite）。这里有一个很常见的例子：路易十四被尊奉为伟大的征服者；其言外之意在于，或者说暗示了，一位主权者所具有的声望和权力——在他的那个时代——是极其重要的，而他的控制范围则是这种声望和权力的尺度，国王总是被期待扩大其控制范围，甚至应该为此而发动战争。直至在拿破仑垮台之后，邦亚曼·贡斯当才证明"这种征服者精神已经属于过去了"。

我们不太恰当地称为"话语"的这种前意识的特性就在于不可被言说，一直作为言外之意而存在。或许我们还可以

---

① *DE*, I, 665。
② *DE*, I, 707—708。
③ *DE*, II, 9—10。

像罗歇-保尔·德洛瓦那样补充一点，即意识和前意识之间的边界"不可能事先就存在在那里把它们截然分开"①，因为二者之间的界线只能是历史性的边界：二者之间的界线也始自这种边界；这种界线与一个独异的事件同生，不过是对这个事件的强调；这种界线从来都是应被视为永恒精神结构的那种前意识的组成部分。

话语就是这种不可见的部分，这是一种不可被思维的思想，正是它标示了历史上的每一个事件。下面这段话能够标明要察觉这种话语有多么困难：

> 不过，尽管陈述没有被隐藏，但它并不因此是可见物；它不能作为它的界限和它的特征的明显载体而呈现给感官。想识别它和对其自身进行观察，需要转变看法和态度。可能它是一种极其熟识的东西，但它却总躲避着；也许它像那些熟悉的透明体，虽然在其深处并无任何暗藏物，却又不因此明澈见底②。

是的，要洞悉它就需要一双具有穿透力的眼睛，正是由

---

① 罗歇-保尔·德洛瓦（Roger-Pol Droit）：《米歇尔·福柯，谈话》（*Michel Foucault, entretiens*, Odile Jacob, 2004），第34页。
② 《知识考古学》（*L'Archéologie du savoir*）第145页。

于这一原因，福柯的历史著作所呈现的这一方法程序也是针对作为整体的历史活动的一种方法论步骤。它是一种精密、确切的方法步骤，类似于文艺复兴佛罗伦萨艺术的那种disegno①。

福柯的技艺在消除了那些陈见之后抓住了个别性。人类历史所遵循的那些道路，在他看来是被一些本身就是些大词的词语标示出来的，那些词包括：普世主义、个体主义②、

---

① disegno是文艺复兴时期的重要艺术范畴，可以译为"素描"，但绝不仅限于绘画艺术。正如画家、雕刻家瓦萨里（Giorgio Vasari）在《建筑师列传》（1550）中所总结的那样，"素描"是包括了线描、轮廓、构图等要素在内的一个总括性概念。——译注
② 《关注自我》（Le Souci de soi, Gallimard, 1984），第56页。补充一点，个体主义可以无所不指，但究竟指哪一个呢？——指个人对自己个人的关切，将自己视为人的状况的典型，指个体在存在论甚至伦理层面优先于集体或国家，指针对共有规范的某种不服从主义或蔑视，指个人发挥个人潜能创造人类杰作，即便它与道德相冲突，指个人决意实现自身野心，而不是安于自身被指定的位置，指从他人那里感受差异并蔑视社会榜样，指乐于沉浸于与权威相对立的私人自由领域之中（比如18世纪里的那些情形，查尔斯·泰勒曾论述过），指公然断言自己个人选择高于一切，指个人不经任何权威或群体而直接与某个伦理或宗教的绝对者建立个人关系（比如还是由查尔斯·泰勒指出宗教改革时期的情形），指获得新经验并使之转化为自我知识，以此丰富自己的人格？

身份①、世界的祛魅②、合理化、一神论……在每个大词底下，你都可以放进很多东西，因为像一般的合理化这类的事物是根本不存在的③。博叙埃《从圣经抽取的政治学》（*La*

---

① "身份"这个常见的词可以涵盖很多现实。成为一名穆斯林意味着归属于一个信仰者的共同体，献身于一个神圣的事业，而这个共同体和事业本身也是多元伦理和政治上分化的，而且往往具有内部冲突；毕竟，在归属性的背景之下，每个民族的信仰者都应该相互支持。身份的意义还可以具有许多不同的形式。某人可以出于个人原因自称为穆斯林，他的意思可以是他是信仰者共同体中的一员，也可以是指他是一个阿拉伯人、摩尔人、伊朗人，或摩洛哥人，或者指自己是一位摩洛哥苏丹的信仰主体。所以身份因而往往可以用作宗教词汇，有时也可以被用作民族意涵，因此伊斯兰可以被视为政治的某种"意识形态包装"；而宗教又往往因为其好战狂热的起源而备受诟病。事实上，当冲突体现为宗教的或异端的派系斗争的时候，宗教并非其起因，也不再是其意识形态包装；毋宁说，宗教此时构成了冲突的一种庄严表现，就像在西方，宗教可以表现某种政治-社会学说。又一个宗教的时代和信念的时代。尼采过去就说过，未来的战争将是哲学的战争。

② 马克斯·韦伯的"Entzeuberung"一词并不是指没有上帝或诸神退位之后的世界之"祛魅"，而是指技术领域的"祛魔法化"。魔法总是力图避免（幻想的）危险或对决断（神的决断、神裁）加以法则化。魔法师是技术理性的对立面，而科技理性所追求的恰恰是实践结果以及某种司法理性。韦伯在论述中顺带提到过中国，他认为在中国，秘术、风水、星占此类的东西有着特殊的重要性，并且导致了技术思想的落后。"祛魅"与宗教虔敬无关，也和对无神世界是否悲惨或失去魅力，或21世纪是否是宗教世纪的认识无关。

③ 对合理化这个大而化之的概念的反对，可参看*DE*, IV, 236: "我不认为我们不可能谈论合理化本身，否则——一方面——就假定了理性有一个绝对的价值，另一方面则会把所有事物都置于这些粗暴的'合理化'之下。"

Politique tirée de l'Ecriture sainte）有其自身的理性，与卢梭《社会契约论》（Du Contrat social）同样理性；希特勒的种族主义也是从社会达尔文主义的理性主义当中发展出来的。要作为一位历史学家去工作，我们就必须"对一切人类学普遍概念持有系统的怀疑论"，一定要穷尽一切可能的解决问题的办法，否则就不能承认某种不变事物的存在："除非它是严格意义上的必然，否则我们不能承认这种秩序的。"①

顺便说一句，这些"话语"、每种历史构型的绝对差异、每一种规训、每一种实践——所有这些"话语"都与时代精神没什么关系。从来不会去"总体化历史"、从不考虑"时代精神"②的福柯和斯宾格勒毫无共同之处。

你或许会说，"或许是这样，可是，福柯的怀疑论仅仅是抹杀了现实的一种唯心主义意识形态。阶级利益及其残暴在那儿不复存在"！对不起！千万可别忘了，在每个时代里，那种利益都是独特的。罗马统治阶级或元老阶级的阶级利益是政治利益，并不同于现代资产阶级统治者的利益那样是经济的。与其他一切事物一样，阶级利益有其自身的历史性，有它自己的"话语"。

---

① DE，IV，634。
② 《知识考古学》，第193—194，207，261页；DE，I，676。

"物质"利益不可化简地——正如我们已经看到的那样——受思想的影响，而且也受自由的影响——我们将会看到这一点——故此存在着某种"博弈"或波动。资产阶级捍卫自身利益，但其激烈程度和灵活性是变化着的，而且这个阶级也会在保卫其利益的最优策略上发生分裂①——这个阶级是由许多有血有肉的个体组成的，并非都是些执行着教条的图式的一些泥胎土偶。这并不是说这种利益"缺乏普遍形式"，或不存在阶级利益的概念，而是说"让这些普遍形式起作用的过程本身是历史的过程……这一过程或许可以被称为独异性原则"②，正是这一原则使历史由一系列断裂构成。

追随福柯的历史学家的任务就是去廓清那些被种种误导性的连续性所掩盖着的断裂。他若要研究民主的历史，那么他就要像让-皮埃尔·韦尔南（Jean-Pierre Vernant）所做那样假设，除了名称之外，雅典民主与现代民主毫无共同之处。"话语"解释学因而是将历史研究在两个多世纪里使用的各种方法逼到其极限：绝不会抹杀历史研究方法的地方色彩或时代色彩（相反或许应该回看夏多布里昂以及奥古斯丹·蒂耶里在《梅罗文加王朝史》中做出的惊人之举，在那里克洛

---

① 作为涉世未深的青年共产主义者，1954年的时候，我们在得知这个大集团在"欧洲防务集团"计划上产生分裂时是非常吃惊的。
② DE, IV, 580。

维斯恢复了西洛多维奇的面目)①。福柯所从事的工作乃是自浪漫主义以来,历史学家们都面临的主要任务:搞清楚历史构型的原生性,而不是得出什么自然解释或合理的解释——那种做法是我们人类太过经常的一种倾向,总是倾向于以时代错乱为代价让事物合并为同类。

此外,哲学家福柯所实践的恰恰是所有历史学家所采用的方法,即探求历史问题的本来面目,从来不会把它当作某个普遍难题——更非哲学难题——的具体表现。福柯的著作所构成的批判针对的不是历史学家的方法,而是哲学本身。在他的著作中,那些主要的哲学难题都消解为历史问题,"因为所有概念都是在生成过程之中的"②。

---

① 《词与物》(*Les Mots et les Choses*),第381—382页:19世纪的历史书写是独特的,因为这种书写不是在寻找历史成因法则,相反,"关注所有事物的历史化"。
② 尼采:《哲学著作全集 卷十一》之《遗稿 卷二》(*CEuvres philosophiques complètes*, vol. XI, *Fragments posthumes*, vol. 2, trad. Haar et de Launay, Gallimard, 1982)第345—346页,注释38 [14]=Mp 161 a:"我们不再相信永恒概念或永恒形式,在我们看来,哲学只是历史观最智慧的延伸物。"词源学或语言的历史已经教会我们把所有概念视为"生成之中"的东西……我们花了很长时间才辨识出独一对象中不同的质的多样性(可以想想我们前面提到的例子:快感、肉体、性与性别之间的差异)。

除了历史,没有"先天之物"

福柯希望看到法国史学学院派接受他的观点；他把全部希望寄托在这一点上：这不是一个具有国际声誉的虚怀若谷的精英群体么？他们不愿意承认一切事物——甚至真理——都是历史的么，并且不存在超历史的恒常么？可是对福柯来说很不幸，那些历史学家那时是那么忙于自己的规划，即通过将历史与社会相联系的方式来阐释历史的规划：在福柯的著作中，他们找不到他们总是在社会中能发现的那些现实，相反只能看到他们不关心的种种难题：也就是说，"话语"难题和真理难题。

这些历史学家有他们自己的一套方法；他们不情愿另辟蹊径去做别样的探索——那是哲学家的事情——去探究这些著作，因为他们无法理解这些著作，实际上，较之于别的读者，这些著作对他们来说更难读，因为他们仅能够参照自己的那套方法论格栅来读它们。在他们的眼中，福柯所写的东西是与历史实践毫不相关的一堆抽象之物。在他的著作中，他们所能看到的观念，并不是他们所熟悉的，而似乎只是提供给历史学家的一种流通货币。在他们看来,福柯是在用哲学的纸币戏弄他们:他们认为,他们自己是和现实打交道的。他们没有一个人能意识到他们自己的文章都不自觉地取决于概念化,从根本上说,他们的观念正与福柯的思想一样抽象。若不诉诸种种概念,谈论现实、讲述一段历史并描述其中的特征又如何可能?书写历史就是在概念化。你要是思考攻占巴士底狱(究竟是造反呢,还是一场革命?),你就已经是在概念化了。

无论他做得对错与否,福柯在失望之中做出了激烈的回应。在这种情况下,他失之鲁莽地①对年鉴史学派在过去四分之三个世纪中的发展做出了这样一种定论:

> 数年之前,历史学家相当骄傲地发现他们不仅能书写战争的历史、国王的历史和制度的历史,而且也能书写经济史。可是当他们之中最精明的人告诉他们说还可以书写情感、习惯和身体的历史的时候,他们便目瞪口呆了。西方的历史是不能与真理的生产及其铭写自身效果的那种方式相分离的,这是他们迟早会理解的一个事实。智慧是会降临到女孩子们身上的。

---

① *DE*, Ⅲ, 257—258。

这不是一个好开端。

他本人和一些历史学家参加的一场研讨会导致了1978年的那场冲突①；我不得不——唉！——用较长的篇幅来讲讲这次冲突，因为它对福柯的读者公众来说是如此关键，也是如此具有吸引力。失望而愤恨的福柯向我倾诉他的苦恼：因果阐释——他断言，历史学家们对之"相信到了迷信的程度"——并非可理解性的唯一形式，并非历史学家所能做出的最终分析②。"我们必须抛弃认为无因果性的历史就不是历史的那种成见"③；除了建立因果性联系这一途径之外，总还有合理认识过去的方式的④。

也许想起了海德格尔一项著名的研究，他补充说道："他们全部所想都是社会，社会之于他们正如自然（Physis）之于希腊人。"⑤福柯认为，法国历史学家使社会成了"他

---

① *DE*, IV, 20—35。
② *DE*, I, 583。
③ *DE*, I, 607。
④ *DE*, I, 824。
⑤ 我已经对福柯这一简短评论进行过详尽的阐明，见拙著《当我们的世界成为基督教世界》（*Quand notre monde est devenu chrétien*, Albin Michel, 2007）第59—60，注释1及附录第317—318页。

们所做分析的普遍视域"①。我猜想,这种理论源于涂尔干和马克思。书写关于文学或艺术的科学的历史——比方说吧——意味着把艺术和社会联系起来;或至少1950年前后某些讨论会上都是这么认为的;但福柯却从作曲家让·巴拉克(Jean Barraque)那里认识到,形式与社会——或任何总体性(比如时代精神)——是不及物的关系②。在历史学家们的眼中,即便万事万物不起源于社会,也至少最终落足于社会;社会既是一切事物的基质又是容器。相反,对一名福柯主义者来说,社会绝不是解释的原则和结果,相反阐释本身必须得到解释。社会不是最后的终点,相反,它是每个时代由所有"话语"及其所能容纳的"配置"所构成之物。

实际上,福柯并非如他所想的那样边缘化;他书写历史

---

① *DE*, IV, 15, 33及651, 也见于《不可能的监狱, 米歇尔·佩罗所组织的19世纪监禁体系研究》(*L'impossible prison, recherches sur le système pénitentiaire au XIX e siècle réunies par Michelle Perro*, Seuil 1980), 第34和55页。

② 这是福柯告诉罗歇-保尔·德罗瓦的,见《米歇尔·福柯,谈话》,第82页。艺术和文学具有"不及物性"(intransitif):"我们应该冲破这样一种观念的束缚:文学是指向总体性的,是总体性的一种表现。""不及物"一词在这个意义上——这也是福柯著作中该词的常见含义——的用法,隐含了对勒内·夏尔《形式的分割》LIV(René Char, *Partage formel*, LIV)的引用。一首诗就如一个不及物动词,就像语法告诉我们的那样,它没有所指向的对象:它创造了为艺术自身而存在的艺术。

的方式是很投合从事所谓"心态史"工作的那些人的心意的；他接近菲利普·阿里耶斯（Philippe Ariès）而非年鉴学派①。米歇尔·佩罗（Michelle Perrot）、阿尔莱特·法尔吉（Arlette Farge）②和乔治·杜比（Georges Duby）都喜欢他的著作。不管怎么说，不能说福柯厌恶与所有的历史学家进行合作。

我们或许应做这样一个结论：这场茶杯中的风暴，根源在于福柯的知识抱负以及历史学家们的自卫反击，后者总是希望依照自己的方式行事。我能往这坛辣酱里再撒一把盐吗？在我看来，这对历史学家们来说是件好事，首先——如果能这样说的话——可以让他们搞清楚，他们所描述的历史人物和历史构成的那种独异身份（"话语"）③，然后再将这些主人公"放置在情节之中"（在我们世俗的大地之上，万事万物都处在一个没有第一推动者的情节之中，无论这第一推动者是经济，还是别的什么自然）。其次，可以让他们搞清楚他们所描述的那些悲剧的原因，并推导出哪些情节在起着作用。我虽然没有受到建议和鼓励，但还是曾努力做了这样一些工作，然而并不成功。"福柯式的方法"超出了我

---

① 参看 DE, IV, 651。
② 阿尔莱特·法尔吉和米歇尔·福柯：《家族的失序：巴士底狱封印中的文字》（Le Désordre des familles : lettres de cachet de la Bastille, Gallimard, 1982）。
③ 《知识考古学》，第213页。

的抽象能力。

但毕竟我能梦想；您能想象被福柯的讲演或著作的圣火所照亮的这样一位青年历史学家。比如，《规训与惩罚》，或者有关治理术、有关现代权力形式及对象的那些课程。正是出于对历史之爱，我才做如是说。20世纪50年代早期，当我们还是学生的时候，常读马克·布洛克、吕西安·费弗尔和马塞尔·毛斯的著作，兴味盎然；我们也对雅克·勒高夫——仅比我们年长一些的前辈——言听计从。我们梦想着有朝一日能写出他们所写的那种历史。今天我梦想着我们的年轻历史学家们像福柯那样写作。这并非对我们前辈的否定，而是沿着他们开创的道路前进，是两百多年来形成的历史学方法的持续进步。

就此而言，我常被要求简要地谈谈与福柯的合作，那段时间福柯在进行有关古代的爱的研究。福柯说过，"保罗·韦纳那些年里帮助过我"[1]。那么我的贡献何在呢？我可以简单明了地回答说，几乎没有。[2]我何必要佯作谦逊

---

[1] *DE*, IV, 543。
[2] 通过一个办法可以直接做出比较：福柯开始进行有关古代世界中爱的研究时，曾出席过一次我的报告会，我当时报告的内容也有关于这个主题，这次报告会是乔治·杜比主持的研讨班的一部分。报告文本后来发表在《罗马社会》（*Société romaine*, Seuil, 1991）第88—130页。他从我这里得到了什么以及没从我这里得到过什么，所有人都是有目共睹的。

呢？思想是福柯自己的（就像尤利西斯的弓一样，抽象分析作为这样一种武器，只有他本人能拉得开）。至于材料和史料，福柯自有一种独到的发现本领，只消几个月便能精通一种文化或学科，类似于那些能使用多种语言的人，他们用几个星期便可掌握一门语言，这会让我们感到十分吃惊（即便他们为了掌握另一门语言而很快遗忘才掌握的语言）。

所以我的作用仅限于两件事：帮他确认文献，提供鼓励。他会在晚上告诉我他日间进行的工作，以便得知我是否能以学者的名义加以反对。而我本人作为一名历史学家，首先要做的事就是采用一种同情而非否拒的态度对待他的方法，并以此为他提供鼓励。我的同行们中一些人对他的反对，对他的伤害要比我们想象的大得多，因为他曾把希望寄托在我的那些同行们身上，而不是他的哲学家同行身上。

福柯与他同时代的历史学家们——他们忙于以自己的方式书写历史，以至于无法以开放的心态对待其他的书写方式——这段糟糕关系已经是陈年旧事，还是忘了吧。福柯所独有的那种方法则是尽一切可能探究表面上属于同类的事件之间的差异。

凡是我们被诱惑着得出一种历史常数、一种显见的人类学特征，或一种似乎能被普遍接受的事实的时候，

> 我们必须要找出一种独异性，并去证明它的确不是显而易见的……
>
> 疯狂被当作心理疾病来对待并非是那么显而易见的；对付有过失者唯一能做的事就是将其监禁并不是那么显而易见的。疾病的原因应该在个人体检中寻找并不是那么显而易见的。①

通过《临床医学的诞生》，我们得知，1800年左右，随着对医学观察的重新评价和病理解剖学"话语"中发生的变革，解剖尸体的医生们不再出于去发现某些"征象"——仅被认为与疾病相关，被认为是某种可表征的"疾病"的能指——的目的去"解读"那些尸体。那时，拉埃内克已能够将此前被认为是无用的细节纳入考察范围，并成为在肝硬化方面发现了真正特殊的不连续性②——此前即便人们看着这个受硬化病变影响的肝脏，也看不到这种不连续性——的第一人。

不像人那样有限的、不囿于其时代"话语"中的至高存在者或许能看到，或者至少在他想看的时候就能看到；但不

---

① *DE*, IV, 23。
② 《临床医学的诞生》，第173—174页。

幸的是"我们不可能在任意一个时代言及任意什么东西"①。17世纪就已经成为可能的显微镜观察术,直到19世纪才不再被当作易于让观察者偏离严肃现实的西洋镜(比如拉埃内克本人就固执地用肉眼观察可见物,而拒绝使用显微镜)②。长期以来有关可见物的话语描述一直都是在字面含义上讲的一个形容词:"不可回避的"(incontournable)③:在那么多年里如此难以逾越和含混不清的是,老鼠一直被认为是最小的动物;没有一个人能想一想更小的动物——小到甚至看不见的动物——的存在可能性;从另一个极端来说,我们从未想过也许还有其光线不足以让我们用肉眼观察到的行星存在。

缄默的形而上学感性,是福柯笔下的历史画面的特征。如果说我们不可能在任意一个时代言及任意什么东西,那么我们的思维也不可能越过时代"话语"的边界。我们认为我们已知和未知的,都是被限定的;我们无法看到那些

---

① 《知识考古学》,第61页和156页。
② 《临床医学的诞生》,第169页和171页。
③ 这个形容词"不可回避的"基本含义因福柯而广为流行,但也被广泛地被误解为"不可能被忽视的"——被误解为,如果人在他的时代里想要看,就一定能看到或理解。而福柯本人运用这个形容词是要表达相反的意思,意指封闭了对其他事物的视觉的某种现象,使视觉无法从另外的方向去观看的现象:"话语"不可能被"回避",因为它迫使我们必须生活于我们自己的时代之中。这种误解恰恰说明了常识在多大程度上是误导性的。

边界，甚至对它们的存在毫无知觉；当你夜间行车时，你除了车前灯照亮的范围之外一无所见，并且——但这就足够你驾驶需要——你不可能计算出这范围有多大，你不可能看到你无法看到的东西。换个比喻来说，我们往往囿于那个其边沿无法为我们测知的鱼缸。"话语"不可回避（incontournables），真正的真理无法被看到，更遑论未来的真理或据称是未来的真理。

当然，某特定"话语"及其在制度和社会层面的整个"配置"构成了一种必然现状，除非历史环境和人类自由发展到使它被另一种状态所替换；我们逃离这个暂时的鱼缸的条件只能是，一些新事件的发生，或某人发明了一种新的、能被成功接受的"话语"[1]。然而即便那样，我们也只是从一个鱼缸置换进了另一个鱼缸，总之，鱼缸或"话语"就是"可被称为历史先验"[2]的东西。当然，这种先验绝不是像暴君那样统治着人的思想[3]的不可移易的法则，而是变化本身，我们总是处于变动不居之中的。然而它又不被察觉：在

---

[1] 举例来说，基督教或伊斯兰教，正如我们所熟知的那样，都是曾获得过巨大成功的宗教创造，它们各自的"话语"（恕我不能在这里详尽展开解释）当然与希腊-罗马异教、秘仪式或神秘主义宗教以及阿拉伯地区前伊斯兰时期的崇拜所具有的"话语"有巨大的区别。

[2] *DE*, IV, 632.

[3] 《知识考古学》，第127—129页和第206—207页。

时间中存在的人们对时间所构成的局限毫无意识，就如我们，就如今天的我们一样，无法知觉我们的局限。

勿犯三种错误

在这里让我们澄清一下应予避免的两到三种混淆。"话语"不是一种底层建筑（infrastructure）；它也不是"意识形态"的代称，事实上，它尽管每天在书面和口头上被那样宣称，但可能指的是截然相反的东西。我们近来读到了爱德华·萨义德有关"东方学"的著作，该著作就把这门科学批评为使西方帝国主义合法化的一种"话语"[1]。但这种说法是错的，有着双重错误："话语"一词用在这里不恰当，而且东方学也不是意识形态。福柯所说的"话语"是每个时代的人们借以观看、思考并行动的透镜；它们既对统治者有效，也对被统治者有效；它们并非被前者发明出来用以欺骗后者并使自身统治正当化的谎言。"真理王国不是仅仅是意识形态或上层建筑；它乃是资本主义形成和发展的一种条

---

[1] 有关爱德华·萨义德和显然并不知道有无利害而自由的好奇心存在——这种好奇心早在希罗多德那里就得到了体现——的那些头脑对东方学的谴责，可参看B. 莱维（B. Lewis）：《伊斯兰》（Islam, coll. Quarto, Gallimard, 2007），第1054—1073页。

件"①。

当福柯写下下面的话时,无疑想起的正是萨义德的那本产生了巨大影响的书:"即便民族学诞生自殖民化,这也不意味着它是一门帝国主义科学。"②对那些独异的差异进行澄清,与揭穿对心灵的奴役——那种奴役是意识形态所履行的功能③——并非一回事;这种澄清从来都认定:那种功能是真实地起着作用的,人是充足意义上的笛卡儿式的存在者和有理智者,足以让这种功能成为人自身指导自己行为的智能,足以让人遵从他主人的命令——如果他接受了某些理由(无论理由的好坏)让他这么做的话④。"话语"绝不是欺骗性的意识形态,而是让人在意识不到的情况下限定着人们真实的所做和所想的东西。福柯从来不在任何意义上在话语与实在之间建立因果联系⑤;装置以及在装置内部展开的情节存在于

---

① *DE*, III, 160。
② *DE*, IV, 828。
③ 在"话语"上有可能形成种种"意识形态覆盖物",有关此点,可参看福柯:《"必须保卫社会":法兰西学院、高等研究院讲演》(*«Il faut défendre la société», cours au Collège de France, Hautes études*, Gallimard-Seuil, 1997)第29—30页。
④ 对意识形态这一概念的批判,请参看拙著《当我们的世界成为基督教世界》,第225—248页。
⑤ 正如乌尔里希·施奈德尔(Ulrich J. Schneider)在其《米歇尔·福柯》(*Michel Foucault*, Darmstadt, 2004, p. 145)当中所评论的那样,见该书第145页。

同一个平面。

现在来谈谈第二个混淆，即把"话语"误当作一种基础结构，马克思主义意义上的底层建筑（infrastructure）。正如我们前面所见，首先起解释作用的"话语"是一个消极的概念。它源自这样一种观察：在绝大多数情况下，我们无法对某事件或某过程做出充分描述，直至抵达其独异性和奇异性。譬方一个小孩子，他会把所有男人叫"爸爸"；"话语"方便了我们深入挖掘，去发现事件的奇异性；究其根本而言，话语指向着那种奇异性。可是，当《词与物》问世之时，有些读者将福柯所说的"话语"理解成了某种物质性东西，某种类似于生产力和生产关系的底层建筑——在马克思那里，对政治与文化等上层建筑起决定作用的底层建筑。

一位忧心忡忡的批评家写道，将历史过程置于结构或"话语"之中将意味着使之脱离人类的行为。他确乎不理解"话语"绝不是什么决定着人类演进的某种明确的东西：它只不过是要说，历史中的一切在一个具有洞察力的历史学家眼中将会是一种独异的东西，在"独异"一词的双重意义上而言的独异之物：历史中的任何事物都具有独异的形式，类似于"历史边界线"勾勒出的版图的那种外形，这种外形既非自然的，亦非普遍的。"话语"就是被这种奇异性所规定的形式，所以它是这种独异对象的一个组成部分，内在于这种对象，是该事件的"历史边界"的轮廓本身。正如"风景"（paysage）一词，既可以指称自然现实，也可以指称画家复制现实而呈现的画面一样，"话语"往往也可以用来指称历史学家从独异性的方方面面对某事件的勾勒所完成的书面表达。无论是哪种情况，"话语"一词指的都不是存在的事物，而是一种抽象；指的都是事件是独异的这一事实；同样，引擎的工作机制并不是机器部件的一个组成部分，而是对引擎工作原理的一种在观念上的抽象。

对福柯思想的另一种批判——更为辞色严厉的批判——指责他的"话语"理论不仅是错误的，而且同时也是对人类的贬低，因为这种理论使历史成了匿名的历史、无责任承担的历史、毫无希望的历史。而我们往往倾向于相信事物只有给人希望才是真实的，"就好像饥饿能让人相信即将获得食物"①。有时候我们批评哲学，因为它无非是对世界做如其所是的描述，毫无补益，并不能让我们受到什么思想和价值上的激励。正如让-马里·莎菲指出的那样，对价值之爱，其动机在于"希求使人们得到存在完满性的安慰，他们相信他们就是要追求这种完满"②。

---

① 这是对尼采的引述，见 *DE*, II, 1258："我们被那些伟大的普世知识分子告知我们**必需**（着重为我所加）一种世界观。"
② 让-马里·莎菲（Jean-Marie Schaeffer）：《告别美学》（*Adieu à l'esthétique*, Collège international de philosophie, PUF, 2000），第4页。

这样一来我们就好理解何以有些读者对福柯的怀疑论有着一种真切的反感了，在他们看来那种怀疑论彻底得近乎好斗和"左倾"。但是这些读者错了，因为实际上，理论中最彻底的非道德化从来也不会让任何人放弃道德，即便是这些理论的作者：人首先要生活，叔本华也过着老派人的生活，而福柯——作为一个好的尼采主义者——也热爱生活，并书写着不可遏制的人类自由。我不会走得那么远，以至于将他的怀疑论改头换面成以有教育意义的"幸福结局"为终结的哲学（福柯选择将怀疑论用作一种批判），但是正如我将在本书最后揭示的那样，这种战斗的哲学的确是有着令人鼓舞的结局的。

忘掉那些说教吧，让我们回到积极的事情上来。有关疯狂"话语"的问题，福柯写道，17世纪的癫狂"话语"让一整套装置运作起来；这里所说的"一整套装置"是指：

> 话语、制度、建筑安排、监管决策、法律、行政手段、科学陈述和哲学、道德及慈善主张，等等的决定性的异质结合：总之，这种结合囊括了被言说的和未被言说的事物。①

---

① *DE*, III, 299。

因而这种"装置"包含了法律、行为、词语或建构着历史构成——无论这种历史构成是科学、意愿、性爱还是军队——的种种实践。话语本身内在于以该话语塑型其自身的装置（人总是按照他所处时代的方式进行爱的活动或战争活动——除非，这么说吧，除非他别出心裁，特立独行），内在于将自身体现为社会的装置。"话语"决定着时代的独异性和特异性，也决定着整个装置独具的色彩。

　　在装置之中，历史学家能直接辨认出一些历史构成，这些历史构成能让他借以找到对即将发生的变化起支配作用的复杂因果性网络。永恒的变化、多样性和变化有赖于concatenatio causarum（因果性的系统配置），它是种种创新、反抗（撇开模仿和聚集的存在不谈）之间的啮合，是环境、发现以及人类群体对抗之间的相互关系。

　　回想起来，在20世纪50年代中期，福柯就告诉我们说"人们当时建议我做而我又没做的——因此我也备受责难——"对变化的解释"并不能满足我。这一工作并不能依赖于生产关系或统治阶级的意识形态，这些都不能解决这个难题"①。这是一个取决于配置中诸构成成分的活动的难题。②时至今日，我听说某些医生（其中之一还是我们的伦

---

① *DE*, II, 538—539; III, 583。
② 在《必须保卫社会》第28—30页或《安全、领土、人口》第244页，我们可以看到福柯给出的例证。

理委员会成员）——某些常常将"知识""权力""装置"挂在嘴边的医生们——断言这些概念能很好地帮助我们，对我们所面临的威胁做出分析。这些威胁不再是来自精神病学或精神分析的威胁，而是源自他们的技艺在体检仪器、扫描、核磁共振以及——最重要的——基因学和优生学面前的式微。这就是今日之"话语"。医学知识让权力合法化，而权力则让知识起作用，随之而来的还有一整套法律、权利、管控和实践的装置，这让所有事情得以制度化，就仿佛构成了真理本身似的。

知识、权力、真理：这是三个让福柯的读者震惊的词。让我们试着看一看它们是怎样相互关联的。原则上讲，知识无利害，不涉任何权力；智者与政治家是对立的两极，前者对后者不屑一顾。但实际上，思想、知识往往被权力所用，前者成为后者的辅助。当然，这么说不是要把（大写）知识和（大写）权力断定为一对险恶的搭档，而是要确切地搞清楚在每种情况下二者具有何种关系，首先是要看看它们是否相关联，而如果二者关联，又是通过何种渠道关联的。当它们以某种方式关联在一起的时候，它们属于同一个装置，相互协作，权力在其自身的领域里成为知识的权力，这使权力手段获得了某些知识形式。

自16世纪以来，出现了许多包含着给君主的建议以及治理术的著作。马基雅维利的《君主论》到底是一本什么样的书呢？是首部直截了当的非道德的权力哲学吗？不。它是第一部教育君主怎样才不会失去他在其领地中掌握的权力的手册①。在三百多年的时间里，规训性训练的军事技术已经建构起了必须被掌握和传播的那种知识。如今，治理已经成为一门名副其实的科学：现代君主必须掌握经济知识，而无须事事向经济学家甚至社会学家们咨询。西方理性（当然是手段理性，而非目的理性）使用着技术知识和专门技能的形式。那种知识和那些技术显然在那些使用着它们的人以及它们所控制的人们（除非他们造反）眼中是可靠的和真理性的。所以，真理本身必然是装置的构成成分之一。总之，福柯告诉我们说：

> 真理内在于这个世界；它并非是自由心灵的劳动回报，而是多重限制条件的产物。它体现着有规律的权力的效果。每个社会都有其自己的真理领域，都有其自己的一般性的真理政治。②

---

① *DE*, III, 636—642。
② *DE*, III, 158。

我们可以书写一部真理自身的观念史①。这样一部历史必将极大地集中于法律领域。比如，我们可以想一想中世纪的神裁法，这种法律直到20世纪还未彻底消失：司法长官根据你是否能够（或敢于）握住一根烧红的铁棍走九步或从沸水锅里取物，判定你过去是说的真话还是撒了谎②。历史学的难题在于去证明"真理的某些特定形式何以能在审判实践的基础上得到界定"③。福柯为这个研究计划曾写过一个篇幅很长的草稿④，在他去世的一两年前，他还说过他很想在

---

① 参看DE, III, 257—258。实际上，真理乃是装置的构成成分之一。但观念中的真理却不是——不同的时代都会构成有关性、权力、法律或其他事物的概念的真理（在这个问题上，正如我们所知道的那样，怀疑论者会认为那些普遍观念，在任何意义上都一样并非真理性的，它们都同样空洞）。此处，我们所思考的是真理的观念，这些观念在不同时代里都是在某一特定领域里被建构的。比如，在《旧约》中，外国民族的神都是"说谎的神"，但谁在说谎呢？不是那些神，因为他们就不存在（或确切地说，他们"什么都不是"）；也不是那些神的崇拜者。事实很简单，即只要我们试图界定真理，就总会将它想象成谎言的对立面。同样，我认为，当我们确信某些事的时候我们不会告诉自己说"是的，它们是真的"，我们也不会有意识地把他人所信的真理视为谎言。
② 参看福柯的重要朋友之一彼得·布劳恩（Peter Brown）《晚期古代的社会与神圣》（*Society and Holy in Late Antiquity*, University of California Press, 1982），第306—317页。
③ *DE*, II, 541。
④ *DE*, II, 538—553。

这个研究上做深入的推进。

  装置因而不外乎就是事物和观念（也包括真理的观念）、表述、学说，甚至哲学同制度和社会的、经济的实践，等等的混合①。所有这些都浸润在时代的"话语"之中。我们已经指出过话语的特异形式，其形状并非自然的而是历史的边界：这个与特定时代相联系的整体像是一块水晶或一块卵石，而不是可以被仔细推理出来的东西。所以就让我们冒险来将话语描述为——用一个斯多葛式的词汇来描述——一种无形的物质性（une matérialité des incorporels）。②

  最好是看一看福柯在避免了20世纪60年代"语言学转

---

① 《知识考古学》，第214页。社会事实与心理事实之间的因果关系，请参看DE，II，161。（马克思主义的因果性批判：达尔文主义据说表现了资产阶级利益）。
② 《话语的秩序》（L' Ordre du discours, Gallimard, 1971），第60页。陈述并非使其生动有效的某个先验主体的产物。相反，陈述将自己强加于认识主体，就像赤裸裸的事实所做的那样，而赤裸裸的事实的奇异外形——就像随机的形式一样荒诞——显然并非什么超时间的自我（Ego）或海德格尔式的让真理自行绽露的自由的产物；可参看《知识考古学》第134页有关"可重复的物质性"（matérialité répétable）的论述。

向"①的模棱两可的同时,是如何将自己的学说扩展至社会

---

① 对一个话语——比如有关忧郁的话语——的分析并不是对"忧郁"一词的含义的辞典式研究(《知识考古学》,第47—48页)。那么为什么要选择"话语"这个词呢?有这几种解释。其一为解释学的解释:福柯一开始的工作是以文本(与疯狂有关的医学论文)为对象的。最初他也不知道他将得出什么;他最初可能认为他的难题是语言学的,所以力图尽可能地接近事实——被书写的事实。此外,他并不想冒险退回任何在哲学中被奉为神圣的难题之中——这并不是因为他故作姿态,而是因为福柯深层的实证主义使他对任何带有形而上学色彩的东西都心存警惕。所以他宁愿使用自己的语汇而非哲学术语。另一个解释是,为了容易被理解和接受,福柯希望让自己也介入当时的难题——即语言问题——之中(就如很快成书的《知识考古学》所展示的那样)。很多读者都被误导了。另一个误导性的标题《词与物》更加重了这种误解:人们把福柯的难题理解成了词语及其所指之间的关系。最后福柯也尝试着澄清这种误解。这种努力是他在《知识考古学》第66页和 DE,I,776那里做出的。他解释说,17世纪,博物学家制造了有关动植物的许多描述。就传统而言,"我们以两种方式书写这些描述的历史。要么从事物和言说开始:如其所是的动物,以及如其被我们所见的植物,17世纪的人如何看待并描述它们呢?他们观察到什么而又忽视了什么呢?他们看到了什么又看不到什么呢?要么相反,我们从分析开始:我们可以看到科学在那个时代让这类描述获得了什么词语和概念,以此为基础,我们可以看到动植物作为一个整体被放置在什么格栅之下"。福柯在这里强调的是,博物学家们在没有意识的情况下通过某种"话语"进行思考,这种"话语"既不由实在对象构成,也不是由概念组成的语义领域。确切地讲,"话语"在对象和概念的形成之外,相应地控制着对象和概念的形成。"话语"是一种第三方要素,是tertium quid(第三方),而这个第三方是涉事双方都察觉不到的,但却解释了"具体事物何以既被看见也被忽视,它何以在特定视角中才能得到观照,在特定层面上才能得到分析,特定的词语何以被特定含义所占用"。

（他告诉我说"在我的那些小书里，脱离社会我将无所作为"）和整个历史现实的。很久以来，福柯确乎认为，追查某个特定时期思想最好的领域并不是由形形色色的哲学所构成的领域；发现纯粹观念史的最好区域当然不是经典的哲学文本。甚至在行政管理当中也能比在《谈谈方法》当中获得更多的启示。①对核战争的恐惧和技术对世界的支配［或海德格尔所说的"基座"（Gestell）］并不源自笛卡儿就人对世界的支配所做的令人沮丧的评论。至此我们离海德格尔所言的存在的历史已渐行渐远。②

与康德及胡塞尔有关思想的先验根源的想法完全不同，福柯支持一种经验的和语境化的起源：思想这种无形的实体是在"配置"的语境中形成的，思想为这一语境所孕育，并通过该"配置"带有这一语境的烙印。因为"话语"并不仅仅是依赖于意识的，支撑起它的还有社会阶级、经济利益、规范、制度和管控。19世纪精神病学"话语"的出现涉及心理学和法学观念，司法、医学、治安和医院等制度，以及家

---

① *DE*，I，548，另参看499；II，282—284。相关例证，可见《古典时代疯狂史》（*Histoire de la folie à l'âge classique*, édition TEL），第471页。
② 福柯反讽式地宣称，这类高深的思辨超出了他的能力范围："我所处理的卑微的材料容不得这类高贵的处理"；如果无视——比如说吧——权力的作用，如果无视时代的核心权力的"话语"作用，那么就很难发现历史构成的历史（*DE*，II，409—410）。

庭或职业规范。

我现在觉得，福柯所谈的"话语"似乎比较接近已是社会学和史学经典观念的那种概念，也就是说马克斯·韦伯的"理想类型"：对独具特性的历史构成的某种图式化。但福柯的"话语"与此区别何在呢？福柯所说的希腊的爱欲"快感"之描述或"话语"何所指？他所说的古代制度中的"治理"何所指？福柯谈到过，在18世纪之前，对人的治理取决于：

> 将上帝加之于人的规则，或仅仅由于人的恶的天性而必须将规则引入"日常行为"；但随着启蒙和重农主义时代的来临，治理开始取决于自然流动（人口、货币、谷物的自由流通），由此也取决于"让他们干""让他们走"的放任自流。①

当福柯这么说的时候，他的确建构起了一种理想类型。那是试图探知绝对差异的一些特别深刻的理想类型。然而在福柯看来——与韦伯的观点相同——关键在于在所有的历史构成之中、在配置之中对其构成成分进行区别，进而呈现

---

① 《安全、领土、人口》，第48—50页。

这些构成成分之间的区别,呈现每个事物的独异性。那为什么福柯又坚决强调①,他本人根本不与韦伯近似呢?因为在韦伯的思想中,他看不到对独异性原则的承认,他确信韦伯所探究的是本质。我恐怕得说福柯对韦伯的认识是不正确的。②他实际上没有看到韦伯正与他一样是一位唯名论者。韦伯读过尼采,分享了尼采那种高傲的怀疑论,并洞察到天国是"诸神"或价值"之间的争斗"。

最后,由于"话语"内在于历史事实、内在于配置——"话语"也是配置的终极构型——,所以"话语"并非源自历史,而是借助与自身不可分离的配置通过历史而形成的。这就回答了如下常被问及的问题:由"话语"构成的这种所谓"盲目"的决定作用(détermination)起源何在?是什么造成了它?千百年中究竟是什么引发了"话语"神秘莫测的变迁?很简单,原因就是普普通通而又众所周知的历史因果性,它从未停止过对实践、思想、习俗和制度的推动和调整,一句话,它不断地让全部配置以及标示着配置边界的"话语"迁移变化。我们已经提到过异教"快感"以及随后

---

① *DE*, IV, 26—30。
② 福柯似乎认为韦伯的基本思想是对各个时代加以理性化,而韦伯的理想类型作为一种建构,就是要"得出一种本质",使理性化能在"普遍原则"上被"理解",见*DE*, IV, 26—27。

基督教"肉欲"的相关"话语"。我想其中构成成分包括许多东西：柏拉图主义、被说成是"各方面皆善"的斯多葛主义（这是被推荐给贵族和领导阶级的学说）、古代城邦的民主制或寡头制下的公民权及其自我控制的关注自我的责任、后来转变为神性造物主的physis及自然的观念，等等。

正如我们已经看到的那样，"装置"这种有限的实体是由"话语"划定其历史边界的。我们一定会得出这样的结论——我们的怀疑论思想家福柯有关知识的历史所说的这样一段话也一定会适用于一般的历史：

> 科学史、知识史不是简单地服从于理性进步的普遍历史。指引着历史法则的绝不是人类意识或人类理性[①]。

"话语"并非依循着辩证逻辑前后相继，也不是由于好的理性原因而代谢演替，更没有先验的法庭对它们进行判定。相反，它们之间的关系与其说是应然的事实关系，不如说就是事实本身之间的关系，它们相互取代，而相互关

---

① DE, I, 666。此处，福柯还谈到了"有着其自身规则的一种前意识，很像人类个体的前意识，它也有着自己的规则和支配性力量"。

系犹如陌生人或对抗者。思想的关系实质就是斗争,而非理性①。

---

① 罗歇-保尔·德洛瓦:《米歇尔·福柯,谈话》,第22页和135页。这也是尼采的思想。

福柯的怀疑论

他既然是在设法对由被称作"话语"的彻底差异构成的那些可解释的过去事件做出澄清,那么他的读者就一定会被引向批判性的结论。代谢演替的"话语"——它们是历史的产物,而且并不充分反映着它们所覆盖的实在对象——千百年来变化不断,这个事实就足以说明它们并不指向什么实在对象。我们一旦明白了"话语"的特性,其任意性和局限特征也自然显豁。以这个例证以及这个数量上单一的判断为基础,我们或许可以使之成为一种一揽子(即便不能说是普遍的,也可以说是一般的)判断,做出这样一种猜测,即这一情形适用于所有"话语"。对一些独异性的澄清因而会让人归纳出对知识的批判,以及通向如其所是的世界的批判。

我说的不是对经验真理的否定(后详)。从另一方面来讲,当你设法对我们称为"话语"的这些过去的独异性做出澄清时,你无论承认与否都最终会得出哲学结论。因此福柯说他不是历史学家;但又由于他一直未曾把那些隐含的哲学结论言明,他也不自称哲学家。在他去世前几年,他在他的著作中勾勒了"一种批判的思想史"①：它是一种"历史"，因为它不经过modo philosophico（哲学方式）处理；这份"经验研究、历史学的某种片段"有权利"对先验的维度形成挑战"②。

福柯的怀疑论所构成的乃是"批判"一词的双重意义上的批判。在康德对该词理解的意义上，它是一种知识批判，和康德的批判所做的一样，这一批判的工作基础不是牛顿物理学而是历史解释学。这种批判既牵涉哲学家也牵涉历史学家，它建立在《萨朗波》的作者在1859年提到的那种"历史感"的基础之上——福楼拜在一封信中写道，这种"历史感"是"全新的"，"是我们这个世纪的荣耀"③。这种历史批判也关乎人民与批评，对那些选择成为战士的人来说，这种批评还可以充当一种政治批判，并有助于推动行动。

---

① *DE*, IV, 632。
② 《知识考古学》第265页。
③ 在一封日期为1859年2月18日的信中，福楼拜这样写道。1858年，在《两世界评论》（*Revue des deux mondes*）中，勒南（Renan）还有如下几行规划式的文字："在我看来，在解决我们时代里人类精神严肃关注的那些难题方面，历史科学注定要取代抽象的、学究气的哲学。我不想否认人类有能力使用直觉而高蹈于经验知识领地之外，但毕竟我们都得承认，对人类来说实际只有两种科学——自然科学和人的科学：所有这两门科学之外的一切或许能被感知、被察觉或呈现，但不能被证明。历史——我是指人类的精神史——在这个意义上是我们时代的真正哲学。这个时代里的所有问题不可避免地都要经受历史学的探讨；一切对原理的揭示都将是历史的教训。"

(在福柯看来，这要取决于个人选择，因为这种选择并不是理性、善或历史感所能事先规定的）

比如，如果我们对一般的权力观做出了一种历史批判，那么我们就会意识到，在真理之中，在某些时期，人们可以是公民，他们每一个人既是公民-战士，也是他们所属城邦治理下的一个小单位[①]；而在另一个时期，人只是组成人群，他们填充着君主的领地，只要君主知道——多亏了马基雅维利的教导[②]——如何保持统治，这些人就要受君主领牧；在另一时代里，人还可能是人口中的一员，权力当局有责任对之实施治理，就像养护人有责任管控调节植被的水土流失量；当然，在另一种情形中，人还可以是游轮上的旅客，若遇暴风巨浪，会受有权力负责旅客安全的巡航舰只的保护，等等。

冷静的、书斋式的、沉思的那种批判会使人对有关（大写）权力或（大写）爱的泛泛之论的真理形成质疑。继而还有人可能形成一种积极的批判，它揭示出这类靠不住的泛泛

[①] 比如苏格拉底拒绝逃走，宁愿接受使他遭受死刑的城邦的治理：他不是愿意接受非法僭主政制的温顺公民，但却是维护城邦的成员，城邦取决于对法律的尊重。相反，1940—1944年间抵抗运动的成员则认为自己正在接受非法和不正当的政府的统治。

[②] 从根本上说，这是马基雅维利《君主论》的真正主题：教育君主如何维持其君主权力。

之论背后是变动不居的现实，因而会走向对那些说法的政治合法性的挑战。另一种可能则是得出完全相反的结果，就如蒙田所做的这样一种反躬自问：谋求变革政制有意义吗？谋求变革政制——我再重申一次——必定是一种个人决定，因为新的政治制度将与旧制度一样任意；但这种考虑不会阻止人们前进的脚步。无论虚无与否，这就是生活。

福柯尽管认为过去是真理的坟场，但毕竟从未得出万事皆虚无的阴冷结论：相反，他确信生成的积极性质：谁又有资格来判断未来呢？福柯甚至对最荒谬的学说也从未下过判断，哪怕是旁敲侧击；他总是以诚挚和大度——这就是一种尊重的方式——描述它们。没有什么是无意义的，人类心灵的产物都一样积极，因为它们都曾存在过；它们与动植物等证明着自然的权能的自然产物一样有趣、值得注意。福柯的声音犹在耳边——他当时以喜悦、同情和由衷钦佩的态度向我谈论着圣奥古斯丁观念的永恒流溢说：这些思想显然非常值得钦佩，因为——的确令人难以置信——它们暗示了人类心灵有着无远弗届的能力。

那不是一种轻浮的感觉主义，而是有着深刻根源的态度。这种态度更不是非道德的；达米安经受的骇人听闻的酷刑是可怕的，这自不待言，事实的展布自己就已经在那里言说；同样，福楼拜面对着迦太基人暴行时的那种客观性也是以省假笔法对之加以谴责的。在文字中体现出的修辞性沉默的背后,我们能感觉到一种阴郁,当他在谈话中论及人类所能犯下的暴行时,他的措辞中也往往能流露出这种阴郁[1]。

福柯既非虚无主义者亦非主体论者,既非相对主义者亦非历史主义者。正如他所承认的那样,他是怀疑论者。此刻我想起了他那句确凿无疑的原话。在他去世前25天,福柯用一个词总结了自己的思想。一位敏锐的访谈者问他:"如果您认为不存在普遍真理,那么您是怀疑论者吗?""绝对",福柯回答说[2]。就这么一个词。福柯质疑所有无所不包的真理,质疑我们那些伟大的、无时间的真理,这就是他全部的工作。在《生命政治的诞生》开篇,他就写道,普遍概念是不存在的,只有独异性。某天晚上,当时我们在聊神话,他告诉我说,对海德格尔来说,伟大的问题是去认识"何为真理的基础";在维特根斯坦看来,重要的是去认识当我们谈论真理时我们在说什么;"但就我的观点而言,问题在于:真理何以如此不真?"——真理,至少是每个时代的那些伟大真理。

---

[1] 某天傍晚,福柯对我说:"大屠杀令你吃惊吗?可你知道吗,在瓦格拉姆战役前夕,有人对拿破仑说,'这场战役将是徒劳的,既然这样为什么要毫无意义地牺牲掉上万人呢'?拿破仑的答复是,'像我这样的人才不在乎一万多人的死亡'。"

[2] *DE*, **IV**, 706—707。

在《规训与惩罚》当中，福柯并无意于表明我们的惩罚体系比旧制度下的可怕肉刑还要不好；他还不至于那么玩世不恭地把二者混为一谈（毕竟，他证明了反对死刑的必要）；然而，他确乎想要证明两种惩罚体系是异质的，它们各自的目标都是独异的和任意的。他在这儿敏锐地感觉到了有某种奇异性，并立即洞悉某种差异。来自何处的差异呢？在古老的"话语"中或在我们的惩罚"话语"中。还有什么能让我们借以比较来探知这种差异呢？我们不可能求助于任何现成的人类行为类型学；从来就不存在那种类型学。

围绕疯狂已经有了那么多前后相继的"话语"和配置，然而从中根本不可能归纳出疯狂本身之所是。然而，"话语"和配置又是历史事实，我们作为历史学家可以以某种严格性对之做出探讨。就此请允许我援引斯宾诺莎，在他看来，每一个身体、每一个心灵和每一个思想，都是普遍联结（concaténation universelle）的独异产物，不属于任何类型或种属。或者说，所谓类型、种属只是我们的想象，想象往往在肤浅的相似性之下形成误解。[1]（斯宾诺莎的确谈到过自

---

[1] 斯宾诺莎对普遍概念的否认，请参看M.果鲁特（M. Gueroult）：《斯宾诺莎》（*Spinoza*, Aubier, 1968 et 1974），I,第156, 413,443页; II,第339页； 另可参看德勒兹（G. Deleuze）的详细说明，见《斯宾诺莎与表现难题》（*Spinoza et le problème de l'expression*, Minuit, 1968），第256—257页。

然实体的样式,但那是指你或我这类存在者,而非福柯所说的"话语"之类的实体)

后果很严重:我们再也不可能断言人类应依循的真理道路或人类历史的意义了,我们必须让自己习惯于接受这样一种观念,即我们今天所珍视的信念将来都会烟消云散。我们必须放弃普遍的和确定的真理:形而上学、哲学人类学和道德哲学及法哲学都是徒劳的思辨。我们无法把握绝对吗①?哪怕片刻之间也把握不到吗?当"我们知道一切"的那一天来临的时候,"坟茔已为知识建成"(雨果语)。对怀疑论者来说,世界之可能所是并非不可能与我们之所能见完全不同。

我要立即安抚一下我的读者:这种怀疑论不会动摇纳粹种族灭绝或德雷福斯(我再说一遍)之类历史事实——这些事实充满了福柯的著作——的现实性;它动摇的是"什么是

---

① 所以一切皆是可能的:海德格尔或许是对的!亚里士多德的主动理性或许就不存在。格奥尔格·西美尔曾正确地推断心灵并非一个实体,而是一种功能,它可以在完全不同的现实条件中维持同一(参看格奥尔格·西美尔:《生命观》(*Lebensanschauung*),载《全集》第16卷(*Gesamtausgabe*, vol. XVI, Suhrkamp, 1999)第209—425页。这里的问题不能被表述为:我们不可能形成任何认识。"自然"毕竟能激发起惊讶,当我们看到一棵树或一只昆虫,我们会好奇于它可能的内部构造……,"自然"知晓有关物理和化学的一切。好吧,终究有了达尔文主义……

真正的民主？"这类宏大的问题。我们为什么需要关心何为真正的民主呢？我们不如去搞清楚我们究竟想让民主成为何种民主（毕竟，我们中的大多数人并不真的相信我们想要的民主）。对普遍概念的批判，并非像有些人担心的那样，会否认真理或让历史学家的荣誉受损。

话说回来，后果还是严重的。为了让诸位意识到全部的严重性，我要提及福柯引发的一场丑闻：他曾说过（或至少据称曾说过）人、人类或人的形象应该从我们的心灵中永远消失、永不再被提及。但这说法仍是夸张。我重申，经验事实的真理是我们人人都可获得的；我们已经建构起了语言学、政治经济学、社会学，甚至还有心理学和认知科学；但我们无法建构起哲学人类学。这就是全部。我想读者们可以猜到后果。

怀疑论者，但非人类之敌

除了老生常谈，我们还能对普遍人类说点什么呢？在人类学的普遍概念之中，你永远也找不到盎格鲁-撒克逊经验主义者所说的那种"柔软中的坚硬"（le dur du mou）：所有事物都是坚韧的。你想知道知识和科学的发展方式吗？它需要 ad libitum（随心所欲而无所不涉的）好奇心、以知识的方式控制或感知世界的迫切之心、面临混沌的威胁时做出的反应。①于是福柯提出了这样一个基本论点:"如果你想要对人类社会体系做出分析,那么就得面对人或人性的经济"②;我们必须研究历史、经济、社会、语言以及使人得以成为他们现在之所是的全部装置。

人类学思想假设事实首先存在于某种人类普遍性之中,但人的科学(les sciences humaines)、语言学、经济学和民族学却都只进行专门领域的研究,从不曾宣称要致力于建构出有关人类的一种普遍观念③。实证的事实永远使人处在成为其自身的过程之中,有关这些事实还可以说出很多,有关 homo economicus(经济的人)、homo faber(劳动的人)和 homo loquens(言说的人)还可以说出很多,然而有关全部的人能说出什么具有启发性的话吗?能说笑是他的一种属性吗?能说人类并非全好,亦非全坏吗?能说人类有着奇妙的多样性,他是一永远变化的主体吗?能说将一劳永逸普遍适用的判断加之于他是危险的吗?人类这里不存在可以被化简、可供发掘的"人性",因为他无非就是他此刻嵌入其中的装置本身。④

---

① *DE*, II, 242。
② *DE*, II, 103,"分析理智的历史,没有必要考虑主体、作为主体的人"(*DE*, I, 775)。
③ 乌尔里希·施奈德尔:《米歇尔·福柯》,第79页。
④ *DE*, I, 608。

所以当然可能作出这样的预言：人们不久将会停止坚持将"人性"当作他们的研究对象，而"人将被抹去，如同被画在海岸沙滩上的一张面孔那样"。我们记得这个最后的审判，它作为《词与物》的最后一句话而广为人知，我们也记得人们如群蛙鼓噪般齐声欢迎过这个结论，尽管他们全然不顾一个事实，即只有将这句话放到它的上下文中，它才是可理解的和无害的。这句话激起的各种愤慨也让福柯赢得了人类之敌的名声，他的许多读者可都是这人类中的一员呵！时过境迁，人们已经忘记了在多年以前，在经历了战争的恐怖之后，每个人都曾是人道主义者；而存在着形形色色的人道主义：古典的、进步主义的、基督教的、马克思主义的、个人主义的、存在主义的、托马斯主义的，甚至还有斯大林主义的。

在这个备受非议的句子里，心存公正的读者可能发现它并非那么亵渎，而是在用优雅的蚀刻般的笔触强力地铭刻出对生命中悲剧性一面的某种形而上学感知。早在三个世纪以前，被画在沙滩上经受海水冲刷的面孔的这个意象就已经被阐释为人类"虚妄"处境的隐喻，被阐释为一种忧郁。而时至今日，它却被用来证明"福柯归根到底具有挑衅性"，他就是一个挑衅者。这个词是一个不当的称呼，因为福柯并非一个爱挑衅的人，他是打击谬误和愚昧的斗士。祭起挑衅心理学是再容易不过的做法。但要转向轻信挑衅——那是一种既天真又虚妄的确信——的心理学就不那么容易了：1925年的资产阶级洋洋自得地认为，立体派针对的就是资产阶级，他们的目的无非是让资产阶级感到震惊。实际上，谁要是认为自己是被挑衅的目标，ipso facto（根据这一事实），他就根本不值得挑衅。

福柯那最后一句话想说的仅仅是，可以谈论什么造就了人[①]，但不可能发现"人的存在"是什么——如海德格尔的追问（比如"在万物与时间中人处在什么位置？"），不可能发现人内在地是什么，如萨特所做的工作（比如"他是善意的人还是恶意的人？"）。1971年，福柯比他自己所认为的更有理由这么说，因为——正如他1980年左右揭示的那样——

> 在他们的历史进程中，人类永远都在建构着他们自身，也就是说，他们不断地变换他们的主体性，使他们自身呈现为无限而多样的不同的主体性的系列，这个过

[①] 《知识考古学》第172页。DE，IV，75；III，464："我们不过是已经被言说的存在者。"参看DE，I，503，以及《知识考古学》第275页："词语和意义是'装置'而非人性生成的。所以凡是有符号的地方就没有人；凡是符号被创造出来负责言说的地方，人必将保持沉默。"

程还会永远持续下去，这也使我们永远无法面对面地直击人之所是。①

自此以后，福柯所要做的，就是去填补"人"——那么多故事中的主人公——消逝之后留下的那个空缺的位置，将自己的基座放置于定位于某种人类（大写）主体——这种人类（主体）如果说不是全能的，也是自由的——的构成过程，当然，有时候也放置于这种人类（主体）的自我风格化活动。我们后面还要对此详论。

毕竟，我们可以想见这场小丑闻的原因：福柯的写作风格和他作为作家的态度本就遭人误解，而他的那个句子又加深了这种误解。他的那些极具洞察力的著作并非反抗者的著述；它们既不招徕追随者，也不是要把所有人吸引过来，就像火炉吸引人们聚拢起来那样。这些著作并非旨在感召读者，或提振读者的斗志。它们是由一位独行侠用刀剑写下的，这刀剑的尖头如燧石般坚硬，而这位独行侠又是如此无比的冷静和自足。这些著作本身也是刀剑，读者须有强健的身手，才能灵活使用它们。这种精湛的剑术让那些心态年轻的读者们欣喜，也确保了福柯这些著作的成功——无论它

---

① *DE*, IV, 75。

们是否真的被读懂了。但同时——无论这些著作被读懂与否——它们逼得另一些读者采取守势,让他们发起反击,引起他们的反感,此时福柯的风格让他们意识到他们正在面对的是什么样的人和何种姿态。

我称他为独行侠［我要感谢让-克劳德·帕塞隆(Jean-Claude Passeron)］,是他建议我以此称呼福柯的,这个词很好地勾勒了我们这位英雄的那种敏捷、优雅的形象,还有总伴随在他身边的笑语欢声);可是,独行侠或剑客并不总是"对一切都心怀否拒"。阴郁的悲观主义者满怀杞人之忧,但福柯并非他们中的一员。对那些深谙拉丁传统讽刺文体的散文家和社会学家们的文献,他斥之为轻浮,并深感怀疑,尽管那些文章也针砭如下时弊:面包与马戏团、患有景观依赖症的社会、消费主义和商品化——很难避开这类老生常谈,但要建构起严肃意义上的当代人类学又是绝不可能的。

超现实主义者引领的时代里的新出炉的热腾腾的美食,如今已经是回锅的剩饭。作为历史学家,福柯没工夫理会这些哀怨的夸张之辞。作为尼采主义者,他在这些自鸣得意的抱怨中看到了某种病态的征象。就他本人而言,饕餮无厌、厌世、没精打采和衰退,都是他所反对的。(这也正是尼采所讲的永恒轮回神话的题中之意:"我愿意使现世的这个世界再度复活,你想要多少次都可以。")

福柯怀疑论的限度

有一种我们常常听到的、相当繁难的指责，尽管它纯属诡辩，但我现在还是要对之作一答复。有人时常说福柯断言真理即不存在真理是自相矛盾的：他无法克服他的怀疑论，甚至怀疑怀疑本身。但事实并非如此，因为他的怀疑论从未笼而统之地一并怀疑所有事物。这足以反驳此种责难，这种责难诡辩地混淆了普遍判断（un jugement universel）和对事实作逐一考量的集合判断（le jugement collectif）。当思想家将怀疑投向普遍概念时，他凭借的并不是普遍判断（因为如果那样的话，他自己也就成了自己的靶子）。毋宁说，他的判断是在统计学意义上的集合性的判断：他事先并不——笼而统之地——知道不存在真理，但却造了一份有关真理库存的资产清单，并意识到了所有他所检视的样本都需要经受批判；这使他得出结论：库存中的所有项都要向批判开放。清单所列的所有东西在接受盘点评估之后就算都名物不符，也不意味着这份清单本身不复存在了，相反这确证了清单的重要性：因为即便这个清单确乎是毁灭性的，清单本身和商场库存也是两种不同的事物。

否定普遍真理，同时运用一种普遍的批判，这二者并不矛盾。这种清醒的批判不会断言人的理解力完美地与具体客体相一致；它只需在"话语"、对象、指涉、原理、集合判断、独异性和普遍概念诸如此类的空观念之上展开自己的全部工作；这些空壳无非是思考借以展开的抓手，它们既谈不上充足也谈不上不充足[1]，因为它们并不与任何具体客体相对应，后者是独立于所有具体"话语"的；但毕竟这些空壳是要依次把自身借用给那一大批独异的参照系的[2]，而这些参照系在谱系学批判之下，其"话语"可以被清晰地勾勒出来；这项工作进而也会实现我们前面提到的那种资产清单式的去神话化。

与细小的事实和平共处，向普遍化开战。就此，福柯，这位出乎意料的实证主义者也打不了什么保票，他只是说何不放手一搏试试运气。当然，正如马克·布洛克指出的那样，历史事实并非已然存在的事实；它们都是建构。但它们是建立在"话语"之上的建构，而那些"话语"是无涉于这些建构的真理的。在某些时期和某些地方，理发师的酬金是鸡蛋而非货币，这样的细小事实在20世纪成了具有历史话语价值的经济事实。拉撒路的复活和女巫的安息日在17世纪不

---

[1] 这是在回应我对他提出的一个异议时，福柯自己亲口所说的话。
[2] 可比较M. 果鲁特：《斯宾诺莎》，I，第413—419页。

复被当作可信的超自然事实（但相反，比如说吧，正如我们从著名医师皮埃尔·热内那里所知道的那样①，圣法兰西斯的红斑绝非只是传说）。对经验事实的判断可以是真实的：柬埔寨种族灭绝发生过；拿撒勒的耶稣存在过；但他真的能在水上行走吗？有任何能被证实的神迹吗？

从另一方面说，为了把希特勒的种族灭绝说成是虚假的传说——就如一小撮变态所宣称的那样——，也还是得有一整套"话语"的，根据这种话语，我们的世界（就像很久以前诺斯替教徒的世界一样），帝国主义、资本主义或犹太人阴谋等等此类的欺骗性威权当道横行——这些威权是有着编造传说的兴趣的。六百万犹太人被杀害：这是事实，是坚硬的事实，在有关斯大林时期暴行的一词论辩中福柯如是辩驳②。相反，《旧约》中的修辞说法则是不足信的夸张：比方说，不包括妇孺在内，十万敌人被屠戮一净。但我们已不再生活在传说和浮夸修辞的时代之中。

人们会就如何解释种族灭绝进行争辩。［邪恶的普遍暴

---

① P. 热内（P. Janet）：《从痛苦到狂喜》［*De l'angoisse à l'extase*, Alcan, 1926（1976）］。

② "我们被对事实的愤怒所攫取"，福柯反驳斯大林主义的和平主义辩护者时这样说（*DE*, III, 277）。有关这段插曲，请参看D.埃里蓬（D. Éribon）：《福柯和他的同代人》（*Michel Foucault et ses contemporains*, Fayard, 1994），第344页。

行？德意志Sonderweg（特殊道路）的悲剧性后果？军民对权威当局——或我们常常听说的Obrigkeit（政府）——的一体服从？］正如我们会看到的那样，就此问题会形成种种理想类型的科学探讨方式；但种族灭绝的事实永远摆在那里，只有某种诺斯替教徒式的"话语"会拒绝承认它。

至此我们接近了我们难题的核心或原则，而事情也已经清楚明了：我们所做的这一切都是对希腊思想中一个伟大思想脉络的延续。从一方面来说，事实存在着，它们即日常生活的细小事实，它们是唯一未受希腊怀疑论者质疑的一种事实，它们最终确证了生活至上（第一位怀疑论者皮浪很怕狗，因为他知道狗会咬人）[1]；从另一方面来说，其余一切都是大量的膨胀起来的"真理"，它们注定是要被埋葬在那坟场之中的。毕竟，我们应该像怀疑论者塞克斯都·恩披里柯（Sextus Empiricus）为经验医学留出地盘一样，为物理科学的发现及历史学家和社会学家的那些理想类型留出地盘。因为，事实上，科学发现和理想类型是基于这样一类事实而做出的，我们只要活动或受动就能经验到它们的实在性——它们是动物和我们人都会经验到的事实。

---

[1] 第欧根尼·拉尔修（Diogènes Laërce）：《名哲言行录》（*Vie et doctrine des philosophes illustres*），IX，66。

基于这类事实做出的推论能够让我们知道过去事件的存在,并或多或少对未来做出预见。在批判之中,无论"历史"事件是多么煊赫自负,都会被分解为日常事实和行为(比如法布利斯·台尔·唐戈眼中的滑铁卢战役①)。所以我们可以确证已发生之事和与毒气室有关的发生过的事的物质实在性。而且,我们的确能够互相理解,只是有些时候理解得好些,而有些时候则不是那么好。我们在解释学的意义上相互关联。这就是为什么,只有(大写)理性的形而上学思辨溃败,我们才能真正地揭秘自然、重思历史和描述社会。我们可以相信,休谟所论证的就是这种单纯理解力的哲学。

　　有人说,这些无法被质疑的细小事实也只是某种视角或"话语"的结果。这是人类知识的必然,是它所背负的沉重负担②。食草动物觅草,后者是自我同一地重复的单一客

---

① 法布利斯·台尔·唐戈(Fabrice del Dongo)是司汤达《巴马修道院》中的人物,他虽然参加了战斗,但他不能确定那是否真的是一场战役。——译注
② 可比较让·拉波特(Jean Laporte)在《抽象难题》(*Le Problème de l'abstraction*, Alcan, 1940)中的分析。食草动物对草的知识、它的抽象和普遍观念都是受其对草食的需要"倾向"(拉波特用了"倾向"一词)所规定的。

体——因为这种事物是在数量上重复的独一之物[①]——，可是，此时的草并非（大写）草本身，并非自在之草，并非外在于视点之外的草。在觅食的动物眼中，才有破土而出的这种绿色根茎。这就是"话语"——草的"话语"就在牛的视点之中，而牛的视点虽与植物学家或远足者的"话语"完全不同，但二者又都同等地既偏且狭（partial et partiel）。自在之草——视点之外的草——是永不会为我们所认识到的（这些话甚至对我们来说没有任何意义；只有某种神的理智才能看到几何形式的草）；自认为对草已经"认识无余"的植物学家们的"话语"并不符合食草动物有关草的"话语"。我们若非被嵌入"话语"之中，是根本不可能认识草、权力或性之何所是的；事实内嵌于它们的"话语"，而我们也不可能从这种内嵌之中提取（或"撬出"）这些事实。这既非相对主义亦非历史主义；这是一种视角主义。

还是援引我听说福柯在某个场合所说的话来说：你不可能发现"原始状态"（l'état sauvage）的性；就算是一个

[①] 单一客体（在理解力中的单一客体）可以是（在广延上）普遍在数量上可重复的；用笛卡儿的说法来讲，一个圆和数字37都是"单一的自然"（因为37区别于36也区别于38）；但只要我们遇到它们的时候——如房间里有37个人，某某人有37册书等——它们都可以复现。正如柏格森指出的那样，"吸引着草食动物的正是草一般（l'herbe en général）"。

植物，它一旦被发现，也已经是驯化状态了，已经处于某种"话语"之中了，因为这种植物既是某种装置的囚徒，也是这种装置的狱卒——而这装置有着其固有的话语：一种容易消逝的先验的历史性。显而易见，这里没有任何与康德所说的感性的先验形式相似的东西！我力图并尽我之所能想要表达的全部意思无非是："若对客体没形成观念"那么你就根本什么都看不到；在某个陌生男人面前，孩子会说"这是爸爸"，这里体现了他的人类学"话语"。我们根本无法借助"原始、基础、沉默而无法被表达的经验"①发现先于任何"话语"、先于前话语的参照系的对象。任何这种谜一样的东西都会立即获得一种意义、一个名称，即便这只是那个（大写）谜的意义和名称。

所以我猜想——对错姑且不论②——在福柯看来，我们从来都是在阐释事物，我们会立即对事物进行阐释，但又

---

① 《知识考古学》，第64页。
② 福柯有一段话令我觉得殊为难解："参照系的这样一种历史无疑是可能的；我并不希望放弃努力，不再去揭示这些前话语经验，并把它们从文本的暴政中解放出来"（《知识考古学》，第64—65页）。在这里福柯是竭力掩盖他的犀利或故意示人以教条吗？很难想明白获取前话语参照系是如何可能的，中立客观的描述是如何可能的。划定某个客体的范畴，先决条件就是采用某个具体的态度、某个"话语"。性的限度是什么？艺术上的裸体是纯洁的吗？宗教上的出神体验是阵发性癫狂吗？

不会长时间采用同一种方式①；成年男人被当作"一个爸爸"，但这也只是几个月的事情。对裸客体、前话语参照系的探索或许并非不可能②，但也绝不可能走得太远：人并不是非得穷究裸参照系不可；现象——只要它被经历、遭遇、容忍、赞扬或制度化，它就会铭写入社会和历史之中——永远都是立即被阐释的，并因而被铭写入此阐释赖以为基础的某个装置之中的。

只有神才能理解"在其自身之中的疯狂或草"的前话语形式③。正如极具洞察力的让-马里·莎菲写信告诉我的那样："理解若非时空现实之间，也就是说，个体及其环境之间的一种互动，它能是什么呢？也就是说，理解难道不是一种经验过程而非一面镜子吗？"不可能有什么真理的充足性、镜子或纯粹的光，就仿佛一个超验或先验的基础（由神的存在所提供的担保）奇迹般地保证着它一定能有效存在似的。那是直到尼采之前的哲学所相信的神迹（尽管卡尔尼亚德也算是古代的怀疑论的典范）。很不幸，没有"话语"能履行这种职能，因为——正如莎菲接下来所说——"就算不

---

① 《临床医学的诞生》，前言，第XV页："在人们［通过话语］所说的事物中，重要的不是人们想的是什么，也不是这些事物在多大程度上反映了他们的思想，而是究竟是什么从一开始就把它们系统化，从而使它们成了新话语无穷无尽地谈论的对象并任由改造。"
② 《知识考古学》，第64页。
③ 参看尼采：《哲学著作全集 卷十一》之《遗稿 卷三》，第143页。

同的'话语'都同样强大，但也只能有唯一一个最优的'话语'秩序——并且人类所有'话语'都与之不具可比性——能进行那种抽象"。

让-马里·莎菲接下来有这么一段话：

> 福柯的认识论姿态并不在于将现实性化约为"话语"，而在于表明某现实性一旦得到陈述，它就已经是被话语所结构的了。在这个意义上说，他对话语集合所具有的不可化简的多样性的强调，既不暗示把现实性转化为思想的任何观念论，也不包含任何存在论方面的相对主义。

相反，我想补充的是，历史学家可以接触事件，而物理学家也可以成功地运用技术并进行预测。但仅此而已，因为"你根本不能把接触与这种接触所抵达的事物分离开来"。在我们测知了某种"话语"之后，我们也就对它所包裹的那个幽暗的内核①有了一种感知（它所包裹着的或许还有借助一整

---

① 这种内核无疑是存在的。比如，全部历史中某些永恒的人类品质在统计学上不均衡的分布表明了存在着有别于"话语"的某个实在内核的存在。可是这种实在究竟是什么呢？举例来说，值得注意的是，千百年来，在各个文化之中，同性恋相比异性恋更为少见；但这只是个没有任何意义的原始事实，除非某个时期"话语"为其赋予一个意义，此原始事实并不会自己生成一定的定论，而只有相关的话语的因而也是无理据性的结论。

套社会的、制度的、习惯的和理论的种种装置——"话语"就内在于这些装置之中——在我们身上运作着的权力）；但去芜存菁地提取这个内核又是不可能的，因为此内核之话语的对象，也正是由话语切分的，正是由话语本身所塑成的；事物依赖于具体"话语"，而具体"话语"又决定着我们对事物的知识意愿（volonté de savoir）。可以划分出三种类型：人类科学——只要它们将自身严格限制在从系列个别事例中提出理想类型的限度之内；自然科学——它们发现某些规律；最后是负责进行归纳的理论，然而这类归纳往往包揽太多又难胜其任。

在所有这些类型的思想的历史都不可能呈现出什么先验的要素[①]，而相反，政治和社会史则揭示历史中的某种内在意义；把福柯想象为一个形而上学家（即便这是个不可能的概念）也完全是合法的[②]；这样的福柯视之为实体的并非

---

① 《知识考古学》，第265页，在那里，主要的问题是康德意义上的先验，而非超验。
② 是的，是合法的，福柯自己就这么说过（DE, II, 97），他披上了德勒兹《差异与重复》的外衣，假设了一种"偶然的""赌博的"形而上学（参看DE, II, 100："骰子支配着我们。"），并且假设了一种永恒轮回，但那并非同一者的轮回，而是无实体的事件与差异的永恒轮回。但是在文献学层面，福柯还是持怀疑态度的（他通过相当微妙和客气的措辞表达了这种怀疑），即便德勒兹认为自己在《查拉图斯特拉如是说》中发现了差异而非同一的永恒复归的这个学说。但毕竟，德勒兹说得很清楚……在《话语的秩序》第60页，福柯本人公开表明了一种"事件哲学"。

斯宾诺莎所说的必然的自然-神,而是混沌(chaos)——勒内·夏尔所说的那种"精密的混沌"(chaos de la précision)。混沌只造成res singulares［个别］,绝不会产生普遍概念,正是由于这一原因,福柯并不寄希望于人类心灵去获得普遍真理,因为那到头来注定是一场空。

如果福柯是一位形而上学家的话,存在本身在他看来就得被还原为一系列知识话语实践、权力的装置和主体化的种种形式,而所有这些都是"不连续的过程,它们的基础只能是不确定性"——弗朗索瓦·华尔如是说[①]。请诸位因先验存在缺席而备感不适的读者们放心:信仰是一个事实,或一个馈赠,它无须证明;而一个无信仰者——如果他是一个怀疑论者的话——根本既不可能为上帝辩护,也不可能对之加以反对。蒙田——为公共和平——做出了这样一种结论,即我们唯一能做的就是像以往一样默默地抱持信仰。

让我们站回地上来。在精确科学所验证的自然物理之中,科学"话语"的对象正如我们都知道的那样展现出种种规律。然而,就人类事物而言,那里存在并只存在转瞬即逝的独异性(快感、肉体,等等),因为人类的生成过程没有

---

① 弗朗索瓦·华尔(Francois Wahl):《被感知的》(*Le Perçu*, Fayard, 2007),第523页,注释1。

任何基础，没有任何预定的使命或辩证法：每个阶段所呈现的无非是无理据的种种独异性的混沌态，每个阶段都无非是前阶段的混沌关联的产物。我认为，上面这句话就可以对福柯赖以为基础的那个原则做出概括。因此之故，福柯才能够告诉他的访谈者说，就人的领域而言，他无法确证任何普遍真理，只有细节真理。然而，福柯本人从未明言这个原则，因为在他看来，重要的不是这个自明之理，而是它所引发的事实。他想要清楚地表明他的研究的起点是事实本身，而非那些他无意于在哲学上进行探讨的哲学原则——他不信任哲学。

而在他看来，经验的独异性是值得信赖的。历史学家、记者或调查者从它们当中看到唯一的机会：对事实展开的一项研究将会揭示具体事件的独特构成。这些调查者为了把握事实而投入的"话语"也是那些事实得以重塑的"话语"，他们用这话语之网捕获了应答着他们的问题——即这个独异事实的真理是什么？究竟发生了什么？——的被重塑了的回应。（说实话，仅当涉及的事实并非超自然的，仅当它发生在我们的时空之中，而非发生在奥林匹斯——天国和神山的双重意义上讲的奥林匹斯，或是发生在任何神话时空之中时，他们的问题才真实有效）

所以最关键的是事实发生在何时何地？正如伯纳德·威

廉姆斯①证明的那样，我们历史科学发轫于修昔底德，他要给出事件的illic et tunc——地点与时间；因为，历史上的过去已经与当下同质，不再是一种神话中的时代，不再是诸兽掌控话语权的时代。后来，历史学或许可以提出阶级斗争的作用、作为第一推动力的经济以及文明冲突之类更为一般而棘手的问题，但是所有这些都是另一层面的问题。历史学"综合"而成的这类问题，的确可以改变一位史学家描述事件的意义，但它们永远都不可能掩盖事实的实在性。

还有一件事：通过提出illic et tunc的问题，我们可以成为历史学家，而不会成为一名既真诚信仰又盲目好斗的理论家。提出的问题涉及"主体与客体相关联的构成"②。因为，如果认识主体对过去提出了正确的问题，那么该主体也就使自身成为历史学家或从事深度调查的记者。提问的"话语"、它所包覆并增殖的对象以及认识主体，这三方都是在同一个追问过程之中得以明朗化的。每一方都自由地选择着自己的路径和主体化方式（有关"自由地"这个副词还有很多可说，这是个让社会学家们惊恐不安的副词）。

---

① 伯纳德·威廉姆斯（Bernard Williams）：《真理与真诚：谱系论》（*Vérité et véracité, essai de généalogie*, trad. Ledaidier, coll. Essais, Gallimard, 2006）。
② *DE*, IV, 635。

我们在这儿应该适时地返回，返回到福柯未曾言明的那个原则。一切都无非是经验独异性，但是，若是要从这同一个原则出发，固守一个普遍观念，一上来就马上打算把独异的种种实在一股脑儿地全部归入一类，这注定是肤浅的和错误的。如果你想要在人类事物中做归纳——得出"对象的复杂多样性"①所共有的概念或本质——，那么你注定陷于那些错误的、不清晰的（宽则宽矣，但唯缺知性）、大而不当的、往往宏大但却既有那么一点教益同时又空洞不实的观念之中。我们还是来看看福柯为了捍卫他的信念，或毋宁说为了捍卫他自己的尊严，是怎么毫无矛盾地处理这个问题的。

---

① 《知识考古学》，第66页。

考古学

鲜有美好的起源，我们的思维返回不到乃是真理基础的某些主题，也返回不到词语及其肉身现实的某些原初牵连；相反，起源生成自某些偶然事件。于是就有了"历史学思维中的独异性原则"[1]。权力、阶级斗争、一神教、善、自由主义、社会主义——所有这些我们信仰或曾经信仰的大观念都是我们过去的产物。它们作为观念曾迫使我们在信与不信之间做出抉择，在这个意义上来说，它们存在并且真实地存在过；但这并不是说它们都建立在真理之上。福柯同意历史学家[2]或马克斯·韦伯的自发的唯名论。

概念应予清除。福柯牢记尼采的教诲，"一切概念都尚待生成"；他也是如此主张的，他要求"尽可能圈禁人类学普遍概念，以便调查它们的历史构成"[3]，主张去深挖人类档案，以

---

[1] 有关这一点，可参看弗朗索瓦·格罗斯的非常有价值的评论，见福柯：《主体解释学》，第23—24页，注释32。
[2] *DE*, IV, 34。
[3] *DE*, IV, 634。

便发掘我们崇高信念那复杂而卑微的起源；福柯选择了借自尼采的"谱系学"作为他自己的标题，而他的所有著作所要做的也就是这项工作。福柯《监狱的诞生》回响着尼采《道德的谱系》的声音。

概念有待生成，而现实亦复如是。概念和现实都是从同一个人类混沌之中浮现出来的。所以它们并不生成自什么起源，它们都是事后的构型，都生成自增补和模式化，而不是先定的产物。它们不像植物那样自然生长，不会发展出种子当中所预含的某种东西。相反，它们在时间之流中构成自身，历经不可预期的阶段、分叉和偶然偏离，依赖于与其他一系列偶然事件的相遇；它们停止的方式也同样不可预期①。历史因果性背后不存在第一推动力②（经济不是对其他起决定作用的第一因；社会也不是）；一切事物都相互作用，并且相互发生反作用。

作为这些不连续性的一个后果，我们就现实提出的问题因时而异，而我们所找到的答案也是如此。不同的"话语"

---

① 福柯：《安全、领土、人口》，第224页。我们不是要"展示"人类某个事实的"单一来源"，而是要通过对"凝固、维系、相互加强等现象"的证明，去寻找"多样得超常的过程的多元性"。
② DE, IV, 277和283。不可能存在任何基础现象，没有一个因素优先于其他因素；它们之间只存在相互关系和永恒变动不居的转换。

对应着不同的问题。在每个时代之中，我们所把握的现实不尽相同。我们知识的对象在"话语"与"话语"之间也不可能保持同一①。借用罗蒂用过的例子来说，当亚里士多德在自然中区别了两类运动，一类是自然运动（比如星体的运动），另一类是外力引发的运动（一次投掷标枪）时，他完全搞错了吗？牛顿正确地处理了被亚里士多德搞错了的问题吗？还是他们处理的是不同的问题？② 这就正如相爱的人对着幻觉微笑一样荒谬，并多少具有哲学意味，因为被爱者在爱者眼中与在路人眼中并非同一人。

所以，"对象化方式随着所涉知识类型不同而不同"③。在此我能斗胆引述维特根斯坦吗？福柯与他都只信赖独异性，都拒绝adequatio mentis et rei（心物相符）的真理观，并且也都确信我们处身其中的某种事物（"话语"，或者维特根斯坦那里的语言）所言说的要比我们自己认为的多得多。在维特根斯坦看来，生活须臾不可离开语言游戏；我们通过词语、行为规范（社会或政治关系、魔法、对艺术的态度，等等）进行思考④。每种语言游戏都有其自身的"真

---

① 《临床医学的诞生》，第139页。
② 理查·罗蒂（Richard Rorty）：《哲学与自然之镜》（*Philosophy and the Mirror of Nature*, trad. Marchaisse, *L'Homme spéculaire*）第297页。
③ *DE*, IV, 632。
④ 参看*DE*, II, 539。

理",也就是说,它源自某种规范,正是该规范使它对它被容许言说和不被容许言说之物做出区分成为可能。每个时代都依赖于它所接受的观念(或它所允许的表达),我们的时代也概莫能外①。

许多游戏可以以同一事物为游戏目标,但在每种游戏中,它的表现必定不同;而对象化的可能的方式也是多种多样的。希腊神话在说明阿波罗是怎样把达芙妮变成一株月桂树时提及了月桂,但这月桂树与植物学家那里的月桂树并不一样;它也不同于希腊园丁谈论并栽培修剪的月桂树。达芙妮神话的讲述者甚至意识不到他的语言不同于园丁的语言,也根本不会意识到他所述及的月桂树与别的月桂树并非一种②。在福柯去世那年,即1984年,他谈了自己与维特根

---

① 有一个例子足以证明,没有任何陈述是放之于任何时代都有价值并比其他陈述都有价值的,"人们曾以为国王能够成功祈雨;我们则说这与所有经验相悖。今天人们断定飞机和广播,等等都是拉近人与人关系并传播文化的工具"[维特根斯坦:《论确定性》(*De la certitude*),第132页,该著作写于"二战"前不久]。维特根斯坦在这里是在戏拟詹姆斯·弗雷泽爵士和他对国王及其权威的魔法基础的有关思辨,在弗雷泽看来,国王可能是下雨的原因。探究原始心灵或魔法思维等等的要义何在?原始人的思维与我们一样,或者说我们在思维上未必优于原始人。

② 同样,奥地利医务工作者在病人身上提取的"病卵石",除了名称之外与路上的卵石毫无共同之处;同样的道理,听到超自然的声音与听到真实的声音也不同;在前一种情况中,听到超自然声音的人显然只有他自己有这种听觉,而在场其他人则无此听觉(维特根斯坦:《笔记》,第717条)。

斯坦的区别，将自己的工作界定为他所说的真理-游戏——而非语言-游戏——的研究①。但话说回来，福柯和维特根斯坦都会认为，月桂树，知识对象，和主体，神话讲述者或园丁，都是不同的，"因为在一方看来，这里所涉及的知识具有神圣文本的注释形式，而在另一方看来它是对自然的一种观察"②。

尽管我们欲求"客观"，但一旦认识中有任何变化，无论愿望如何，都会引起认识对象的变化，并伴随着有关对象的"新话语"的产生③。读者还记得，拉埃内克相比于只能看到种种难以辨识的征象的前人看到了不同的人类身体。在创造印欧或罗曼语的比较语法学的过程中，只注意到"母亲"一词，在希腊语mêter、拉丁语mater、印度-伊朗语matar那里的相似性也还是不够的：必须重视这些词本身的物质性，重视它们的元音和辅音。必须意识到这些词不能仅被化约为它们的意义，不能简单地把它们的作用当作镜子式地反

---

① *DE*, IV, 632, 参看634, 709, 713, 718各页。"游戏"在英文中的意义是"游戏规则"或"程序规则"、"生产的法则"。有关权力-游戏和真理-游戏的关系（它们是一些变化的、偶然的和综合的关系，而非分析的关系），请参看*DE*, IV, 676以及724—726页。
② *DE*, IV, 632。
③ *DE*, I, 711, 以及《知识考古学》第166页。

映。它们的音响物质性不仅仅只显示细节差异、不仅仅是以声音反映事物时的粗糙纹理而已。

现在已经形成了一整套科学,致力于揭示一个梵语词的声音究竟依赖于何种法则转变为一个希腊语词的声音(在声音的转变过程中,意义可能不同),或是致力于追溯经拉丁语的auqua(水)在转变为法语的eau(水)的过程中经历了哪些阶段。更妙的是,在这一探究过程中,人们已经发现,在普遍无序的过程中,词语的某个方面——它们的音响层面——会浮现某些不变的要素,继而形成确立规则的可能性:"话语的和不连续的系列,每一个这样的系列,在某种限度内,都有着独异性。"[1]在物理学领域里,伽利略和牛顿都有与此类似的发现。

柏拉图在《克拉底鲁篇》中轻慢随意地提出的那些词源学考证,在今天看来显得十分幼稚[2]。比较语法的诞生不仅更好的使我们提升了对客体的理解,而且还暗示我们谈论的不

---

[1] 《话语的秩序》,第61页。
[2] 只要还未考虑到词语的声音层面,词源学也就无非是根据词的意义去在词与词之间建立联系,难免陷入文字游戏,就像《克拉底鲁篇》所表现的那样;或是断定某法语词来自拉丁文,意义不变,但却又不去对音变做出合理解释。据说伏尔泰曾对他的时代的词源学进行过讽刺,戏称cheval(法语"马")来自拉丁文equus(拉丁文"马")——就因为e变成了che,quus变成了val。

再是相同的事物，因为"事物被纳入考虑的部分"是变化了的[①]。而同一客体的内核在每个时代都是部分地、以不同方式被感知的，从来不会被全部并彻底地被把握，所以知识的特征就在于它的"稀疏"（rareté），这里的"稀疏"是在该词的拉丁文意义上说的，即它多有漏洞、疏而不匀，总是看不到它本该看到的东西。福柯说："我的难题可以表述如下：在某些时代我们可说某件事但却绝不会言说另一件事，这究竟是怎么一回事？"[②]特定时期、特定范围内，可以被思考、被看到、被言说的事物也是"稀少的"，它们构成了一座无形之岛，周围是无尽的虚空。

人不可能抵达全部真理，因为它根本不存在。我们无法从某种无所不包的、确定的和总体的"（大写）话语"出发去把握（大写）词语，那种"（大写）话语"或许希望能让人听到它[③]，并可能在某个适当的时刻在包围着我们的虚空中与我们相遇，比如——根据米歇尔·德·塞都1968年5月那太过宽厚的观点——那些被排除者的"话语"。但包围着

---

① *DE*, IV, 632。
② *DE*, I, 787。
③ 《话语的秩序》，第54页。

我们的虚空并非充满了我们所排除的事物①。不存在先是被拒斥后又不断叩返我们的自然实体。曾被拒绝之物、被否定之物，将会逐渐地通向总体真理和历史的目的，黑格尔所给出的这种事物是不存在的。换句话说，被接受的观念与被排斥的观念之间永远螺旋上升的对话、它们之间的辩证法，都是不存在的，也没有什么向着被压抑事物的复归②。在无尽的虚空中，我们小小的思想显得那么稀疏，显得那么歪歪扭扭，充满了令人意想不到的空白。它不可能以和谐的方式充溢为一个理念领域；还有许多其他不同的思想与我们所从事的思想同样是可以被想见的，而无论是我们的还是那些别的思想，都同样并非必然。

---

① 福柯最初是这么想的。参看《疯狂史》（Plon, 1961）第一版序言，第Ⅲ页："那些晦暗不明的姿态，文化正是借以拒斥某些东西，使它们成为它的外部。"后来福柯在伽利玛出版社第二版中剔除了这篇序言正是因为这个原因。即便此虚空非空，被拒绝的存在者和事物就在门外，也根本不存在一种万物起源的东西，和不会有什么理念性的目的或总体性。但情况并非如此——没有什么是消极的，一切都是积极的，不存在匮乏，法兰西不必扩张自身以达至它的自然边界。
② 就在200年间，在上帝观念式微的世界之中，黑格尔辩证法毕竟是一个重要手段，可以让人们在对更好世界的希望同真理与善不再统治世界的洞见之间进行调停：尽管真理与善遭到排除与否定，但两者仍旧有着影响，历经一番努力和痛苦挣扎，它们将永远树立于我们的世界之中，并为人提供"最终的幸福"的蓝图。1807年，黑格尔说过一句著名的话："上帝的观念如果中内缺乏否定物的严肃、痛苦、容忍和劳作，它就沦为一种虔诚，甚至于沦为一种乏味的举动。"《精神现象学》（Phänomenologie, Leipzig, 1949, p. 20; Phénoménologie de l'esprit, trad. Hyppolite, Aubier, 1949, vol. I, p.18）。

普世主义、普遍概念、后成论：
基督教的开端

总而言之，真理不是从天上跑到我们头脑中的。我们应该警惕人类学普遍概念以及诸如"个人主义"甚至"普世主义"之类的大词。此刻我想到一个例子：基督教的开端，请允许我对此多说几句，因为，在研究其开端的过程中，我们会更密切地与方法论上的种种难题相遇。众所周知，这个宗教脱胎于犹太教，后者是专属于唯一选民的排他性宗教。在向其周围大量异教群众开放教门之后，就出现了一种普遍宗教。人们往往习惯于视之为普遍历史的伟大标志之一，和向着伟大精神的一种普遍飞跃。

向普遍性的一种开放：但又是在何种意义上的呢？这种说法本身就包含着很多意思……就这里考虑的情况而言，它意味着，基督教是唯一的真宗教，而且为了让所有人得到救赎，为了让他们每个人获得不朽的灵魂，必须将该宗教传给所有人。正是由于这一原因，在1865年前的美国，奴隶主才要让他们来自非洲的黑奴受洗。可是，他们狭隘的普世主义却没有将人权包括在内。他们并不认为只有一种人类，也不认为黑人是与他们一样的人，实际上与白人一样有着同样自由的身体和心理能力，有着因社会和文化习性而造成的种种差异。

嗯，借助于狭隘宗教的开放化，伟大的观念会随着基督一道进入世界——难道不可以这样希望吗？不。因为这不是精神的进入，不是一种Ereignis（"本有"），不是一个事件——海德格尔（他对福音主义并不太抱同情）也未曾想到过。相反，它是人类做出的一种反应，是自下而上地、在这个世界之中并内在于我们人类的日常状况之中而被做出的。最早的一批基督徒成为普世主义者，但是在该词的狭义上讲的普世主义，也并非出自他们自己自觉的决定。

怎么来解释基督教发展信徒的热情呢？福音临近整个世界了究竟是什么意思呢？毕竟拿撒勒的耶稣只是一位犹太先知，我们也并不知道他头脑中是如何构想基督教的，这种宗教只是在他蒙难之后才初具规模。先知耶稣并不是自己的英雄（他以他的天父的名义说话）。在公元40年到100年之间，他的门徒和传道者们在他的超凡魅力感召之下建立了以他为英雄的一种宗教。

每个人都各尽其能。基督教是他们集体的创造，正如被如下事实所证明的那样：每个人都以他自己的方式高举基督。基督是弥赛亚救世主吗？是一切受造物中的那个头生子吗？是非受造者吗？其神性是与生俱来，还是在复活之后才成为神之子的（圣保罗同时传授这两种教义）？在第四福音书中，耶稣是人格化和神化了的抽象事物的体现，这个抽象事物就是永恒的上帝之言，他因而是"一个神性存在者，与神本身共在"。公元140年，在荷马的众多读者看来，耶稣是有着人的身躯的圣灵。

在一点上所有人都无异议。让自己以时间终结的预言者身份出现在使徒面前的基督，是由他的父指定了他在宇宙中的位置的，并且会返回到荣耀的云端之中，为生者和死者做出判断。众使徒尽管悲伤，但终究也会将这种不均等但却互惠的激情的爱的关系高扬于众星之上，因为正是这种爱的关系注定使他们自身附着于这个宇宙中的存在者。人们还认为，在十字架上，他"舍命，作多人的赎价"①，这一点助成了他的悲怆和意义。

---

① 这是描述耶稣的一个孤立的言辞（logion），见马可10:45，又见马太20:28，该句与其前后文本的上下文没有关联。这是否暗示了耶稣是作为劝喻甚至替罪者而死去的，受撒旦诱惑而信仰他的死的人也因而得到了宽恕呢？也就是说，通过他的死，他偿清了撒旦的赎金，解救了他的门徒？过了一个世纪之后，耶稣赎出的已不仅仅是"多人"，而是全人类了。在第一个千禧年之后，这种救世主的作用将引发神学上的反思（在头几个世纪里，神学思辨主要集中于耶稣山上的人神关系，耶稣在那时首先被视为一位医师和牧人）。钉在十字架上的耶稣形象直到公元4世纪才出现在造型艺术当中。

基督教因而是一个与众不同的宗教，它没有固定的类型学。将它归类为"救赎宗教"意义不大；如同文学创造性一样，宗教创造性也有着独一无二的发明能力。

独创的关键在于发明了一个人-神，一个与我们其他人相似的人，他既是导师又是医师，但具有神性，他是一个真实的人，而不是一个神话人物。基督教因而也成了一部有关爱的令人动情的形而上学小说，在这部小说中，神与人热烈地相爱；为了使所有信他的人得救，这位神性存在者牺牲了自己（后来被解释成了救赎全人类），是这部小说的核心情节。这个存在者还将不断被提升。耶稣最终既是神也是上帝，尽管实际上并不是那个上帝本身。在公元150年到250年之间，"数字"标签被发明出来，有了"三位一体"，一个上帝，三个身位，耶稣在其中占有一席之地。

通过另一个重要的独创，拿撒勒的耶稣在传道中不再要求遵守安息日及其他律法戒律，而是传播一种内在伦理——规范人的思维的一种道德（一个人如果暗中觊觎他邻人的妻子，就已经是在心中通奸了）。这样一种伦理适用于所有人。与祭司和犹太法学家所秉持的等级精神——这种精神伴随着对犹太律法的严格遵从——不同，这种道德针对的是普通人。

它呈现为适用于全人类的道德精神。但这毕竟并非耶稣本意，耶稣只向本民族的人传道。在我们看来，他崇高的言辞之所以是普世主义的，原因在于它相比于犹太律法主义宣称了更为宽大的基础①。当耶稣以不那么崇高的方式说话时，他就不再是他曾是的那个犹太先知了——作为先知，他曾说过"我奉差遣，不过是到以色列家迷失的羊那里去，

---

① 只要未来的生活被纳入考虑，真理也可以获得同样的模式（或"层面"）多样性。耶稣派遣他的门徒，限于以色列之地。但他"舍命，作多人的赎价"（马太20：28；马可10：45），这里的"多人"可以涵盖异教徒、非犹太人和世上其他民族的人：他们——或至少是他们所共有的正义（这是前盟约的正义观的观点，那时人还未分成众多民族），终将在神圣王国的最后宴会那一刻获得拯救［参看约翰·迈耶尔（John P.Meier）：《耶稣，一个犹太边缘人：再思历史上的耶稣》（*Jesus, a Marginal jew: Rethinking the Historical Jesus*, Anchor Yale Bible Reference Library, 2001）］。这当然是一种普世主义，但又是哪一种呢？在派出十二门徒到以色列各地的当时当地，耶稣心中所念的那个神正是西奈山上的神，是与以色列人订约的那个神。派遣十二门徒就当时而言是一项只关涉西奈山上那个好嫉怒的上帝的事务。相反，天国有着自身的、有别于我们的时间性的，那是一种超自然的时间，可以与异教神祇繁衍着后代的时间相提并论。但是即便分别存在于两种时间中的这两类神有着相同的身份，他们也绝不可能完全一样。十二门徒为之而被派往以色列布道的神是当时当地存在着的以色列人的神，订约的好嫉怒的神。相反，超自然王国的神注定是宇宙之神，这个神，很久很久以前，自有时间起，创造天地并且创造了人，而且并未把人分作众多民族，也就是说祂创造了所有人。换言之，这里区分的模式与维特根斯坦对达芙妮神话与希腊农人口中的月桂树的区分模式并无不同。有关示现给以色列人的神的两种模式——万物创造者与排他性的以色列人的好嫉怒的神——我建议读者去看拙著《当我们的世界成为基督教世界》，第269—271页。在那里我讨论了这个众所周知的二元论。

不好拿（以色列人）儿女的饼，丢给狗吃"①，也就是说，"丢给异教徒"吃。

他死后，他的门徒们在犹太同胞中传播的却是他更加崇高、传播更广和更新的训教，这些训教就被记录在纲要性质的福音书中。这种训教通过加升灵魂的热度，可以让人们——不仅是穷人，而且也包括富人——谦卑地生存②。这些布道者满怀对主的激情，全心灌注着一个信息，即他们隐约觉得有一只在进行创造的手推动着他们。有些布道者满足于持守真实信仰并与小圈子的信众分享这种信仰，而另一些布道者——更有抱负的布道者——则希望使这种信仰在更广的范围内"得售"。尽管这神还带有以色列人的烙印，有着唯一神的特权，祂的训教虽然还只针对受割礼者，但毕竟也有着充分的灵性足以让万民接受，而将这个神的消息传播得更远、更广是很有诱惑力的。

异教徒若被这种优越的宗教所吸引而要求受洗，该被拒之门外吗？第一个屈服于前述诱惑的人是圣彼得：他给百夫长科尼利厄斯，一个没有受过割礼的人，施了洗礼。这给他

---

① 马太福音：15章第24—26段。有关此问题，请参看前引约翰·迈耶尔的著作，第2卷和第3卷各处，尤其是第3卷，第123页，164—165页，190页，553页。
② 尼采：《哲学著作全集 卷十三》，前引书，第197页。

的原则造成了一个小小的麻烦；但虔敬的热情一旦变得雄心勃勃和一往无前，总是可以便宜行事。让步也是可以做出的：优于其他异教神的犹太基督上帝之所以被赐给异教徒，乃是作为一种教导①，也是出于仁慈的考虑②。

改宗应该被视为一种自然倾向和一种人类学的普遍现象吗？不，它总是取决于个人气质和环境因素。在每一个门徒的灵魂之中，都有雄心抱负、安于现状的懒惰与为他的人民的法律献身这一志向之间激烈的搏斗。有时候，某一方会胜出，而另一些时候获胜的则可能是其他一方。因为在每个人的意识和升华了的理性背后，起作用的都是冲动。

并非所有人都赞成信仰改宗。在异教徒当中，一些异邦神祇的坚定信仰者、哲学家和传教者们从不汲汲于确立他们"货品"的垄断制度，只是满足于静待顾客上门访货。同样常见的情况是，他们无意于出售什么东西，也不认为人所秉

---

① 在八个世纪的时间里，倡导者们和诸多赞美诗都在宣传，其他民族的人民终有一日能有自己通向耶路撒冷的路，在以色列的神前献上敬礼，这个神被天上其他众神公认是最高的。
② 耶稣说过他不会拿以色列儿女的饼给狗（异教徒），迦南地的那位妇女以这样的话作为回应："但是狗也吃它主人桌子上掉下来的碎渣儿。"（马太15：27）这则轶事似乎并非历史上的耶稣生平中的真实事件（见迈耶尔，前引书第3卷，374页），更可能是后来为证明向异教徒开放教会辩护而编出来的故事。

持的教义是精英专属特权的入场券。哲学家们几乎都出自自由"贵族"这个社会阶层，罕有例外。有些时候，某些个体觉得如果自己厕身于某个小的知识精英圈子会倍觉自豪，因为其成员都不是"傻瓜"和"庸人"（"庸人"，在希腊思想者那里有一个词，即"phauloi"）。相反，另一类人——他们出身低微或隶属于一个有组织的并权威化的教会——只有在坚信或为了自己的好处而迫使别人与他们有同样的思维的情况下才会感到满足，因为只有那样他们才会处处见到他们自己的镜像。

普世主义并不是因理性高涨或灵性干涉之故而被引入基督教之中的。它所反映的乃是具有雄心抱负、非精英气质一方的大获全胜，这种倾向实际上将会被人们习以为常。圣保罗的情况很特殊：从未亲聆也未面见过耶稣而自诩为门徒，这个策动者大胆地绕过犹太教，而在教义上，在律法上有所建树①。圣保罗是唯一一位在皈依了的东部省份信徒中传教的使徒，尽管他从未涉足该地。

彼得给科尼利厄斯施洗，这件事情被许多人视为丑闻，

---

① 就圣保罗的教义而言，其细节相当复杂，该教义的基础是站得住的，但教义本身的表述和大胆地断言则缺乏坚实的根据，有关此点，可参看桑德斯（E. P. Sanders）：《保罗》（*Paul*, Oxford University Press, 1991），第84—100页及122—128页。

但有些使徒却因而做出了意想不到的发现：也就是说，基督教教义中这个幸运的小意外打开了一个机会，有可能在异教帝国中扩展巨大的潜在市场，即便当时他们的同胞会向他们举起屠刀或将他们革出犹太教门①。耶稣本人就说过，在未来的神的宴席上客不厌多②。一些使徒将此解释为意在使犹太教在诸民族中所深陷的隔绝中摆脱出来的一种建议。他们劝人改宗并不只针对以色列人，而是如耶稣所教导的那样，瞄准的是（其他）"民族"所构成的巨大异教"市场"，力图争取这些民族，使之进入有组织、有纪律、有等级的教会体系之中。所有这些都说明，被建立起来的不再是纯粹的理念而是物质的形式，由此也形成了有着自身利益驱动和装置的具体规划；这个规划虽如我们所愿那样崇高，但同时也限定并窄化了自身的"话语"。在三十年的时间跨度内，非犹太人进入基督教化的犹太世界，这也导致了受过割礼的犹

---

① 约瑟夫·拉辛格（Joseph Ratzinger）在其《启示与传统：争议》（*Offenliarung und Uberlieferung, Quaestiones disputatae*, Fribourg-Bâle-Vienne, 1965）中指出："这就是唯一的一种历史性障碍，应该特别提到的包括斯蒂芬和詹姆士被处决，以及最后也是最关键的，彼得的被囚和逃脱，这导致的不是（天上）王国的创生而是教会的创生。"此段引文见德斯克里·德布鲁韦（Desclée de Brouwer）所译该著（*Revelation et tradition*, 1972），第64页。

② 马太22:1—10；路加14:15—24，在那里提到了著名的"compelle intrare（强迫归宗）"。

太基督徒构成的族群教派与涵纳众人的一种新宗教之间的分裂。柏拉图主义形而上学与异教的某些迷信（如许愿还愿、祈雨等）或种种新事物（包括器物制度）共同促成了基督教教义和宗教实践的形成。鲜有美好的起源，现实和真理总是事后形成；它们并不是按照种子里的形式长成的。谈论欧洲的基督教之根不仅仅是个错误，而且根本就毫无意义：在历史之中，没有什么是预成的。充其量只能说，欧洲有着基督教的遗产；欧洲住在一所老房子里，这所老宅四壁挂满了古旧的宗教图画。

所以我们不再讲什么根，要讲的是遗产。西方世界在当今有着巨大而宝贵的建筑、艺术、文学、音乐甚至词语的遗产，它们大多源自基督教，但是西方的道德和价值方面，再也没有什么是基督教的了。即便它有着基督教之根，这些根也早已被切断了。什么是禁欲主义？我们心里对此已经再无概念。何为对邻人的爱呢？过去基督徒奴隶有义务去爱他们的主人，必须对他们的主人恭顺，而基督徒主人则爱他的奴隶们。这种对邻人的爱早已一去不返了。迟至1870年，现代性尚与天主教格格不入。如今，信徒作为少数与作为多数的无信仰者共有着相同的实践道德（并非所有的基督教家庭都有六个孩子）。今日的价值（性自由、性别平等）间或与基督教有所扞格；这些价值有时候得靠法律（思想自由）来推行，而基督教也已经适应了它们（世俗性、民主）；基督教也间或容纳现代价值（减少社会平等）。自1891年发布有关工人阶级状况的通谕以来，基督教已经长出了现代之根。有关圣书的教义、虔敬和阐释经历了2000多年的历史，这已经表明基督教，就像它的形成（后成论式的形成）那样，从来没有间断过自我建构和调整适应。

别管海德格尔怎么说，人毕竟是理智的动物

我头脑眩晕，让我们暂停片刻。我们说到哪里了？有什么东西能让我们的坚实地立足其上么？当你登山的时候，如果你能感觉到鞋底钉紧紧咬合白雪覆盖的山坡上的冰面时，你会很快乐——嗯，是的，蒙田或休谟的脚下有着他们冰冷而坚实的落脚处（而你也可以把年轻的韦纳的游移不定和信仰他们神话的希腊人丢到一边①）：形而上学难为人类理智所达至，而且

---

① 这里我指的是我年轻时的一部小书《希腊人相信他们的神话吗？》（*Les Grecs ont-ils cru à leurs mythes?* coll. Des Travaux, Seuil, 1983），如果把此书比作一个树林，可以说，那里有许多真树，但整个树林却是个迷魂阵。现在我同意伯纳德·威廉姆斯对此书的意见，在《真理与真诚：谱系论》（第298页，注释25）中，他谈到了此书"对真理表现出了某种夸张的相对主义，甚至更糟"，但也善意地补充说"此书中许多有趣的想法是独立于这种修辞的"。你可以看到一名历史学家因缺乏充分的哲学训练而身陷其中的那种混乱，在写作那本书的过程中，他要处理的比如神话之类的难题，又不可避免地包含着哲学的维度。我要说的是，那些难题都太抽象了。麻烦的是我混淆了两个问题，即信仰模式多样性（这个表述是我从雷蒙·阿隆那里学到的）的问题和时代中的真理的问题（这个问题是福柯告知我的），对后一个问题我已做了相关阐述。如果我当时读过维特根斯坦或更为全面地理解了福柯，或许会把那本书写得更好。

普遍概念是空洞的，因而也是错误的；从另一方面来说，我们所能接受的是独异事物的经验知识。我们眼睛的观察或可能的观察，无不是个别性的，这些个别的具体在某种程度上都是可重复的，也就是通过这些具体的观察，才有了精确科学，才有了我们日常生活的实践与知识以及我们人与人之间的相互理解。我们因而也了解到太阳每天照常升起。福柯和休谟所面对的是同一场斗争……①

正如让-马里·莎菲曾向我们解释过的那样，知识是时空中的现实、个人及其环境三者之间互动的产物。知识是一个经验过程，而非天上的镜子。独立于我们"话语"的事物自身——"话语"裁割事物、塑型事物以铸成它们的形象——永远不可能被某种超人的理智所把握。用亚历山大·柯瓦雷（Alexandre Koyré）的话来说，人可以得出真理概念，但不可能抵达（大写）真理本身。

人并非海德格尔所说的真理的守护者；人类无非只是动物中的一种。就此，尼采必定要说：

---

① 休谟因其经验主义而不可能（以追溯的方式）相信康德意义上的那种建立先天综合判断的能力。福柯也不相信。福柯将这种能力描述为"经验-先验偶合物（doublet empirico-transcendantal）"（稍后我还要对此进行论述）。

在那散布着无数闪闪发光的太阳系的茫茫宇宙的某个偏僻角落,曾经有过一个星球,它上面的聪明的动物发明了认识……在人类智力存在之前是永恒,在它彻底消失之后还是永恒,就像是什么都没有发生过一样。这种智力除了人类的生活以外没有其他使命。①

怀疑论者总是认为动物是有灵魂的,福柯会对我谈论那只在沃日拉尔路285号依次拜访所有公寓的猫的智力:"他什么都懂!"因为哥白尼,继而又因为达尔文,人类已经不再是世界的中心②,由于尼采对元经验的使命或合理化的消解,人类已经成了生物之一种。尼采有关人类教育的哲学小说不希望得出任何结论(但别害怕,没有什么能中止人类教育的不断形成;人类的心灵不会被勾销,而人类历史也不取决于哲学的历史)。

在给我的一封信中,让-马里·莎菲说,在福柯的观点当中,绝对不会有类似"海德格尔的弥赛亚情念(le pathos messianique)"的东西,后者坚信人类和Dasein(此在)的

---

① 尼采:《哲学笔记之"真理和谎言之非道德论"》(*Philosophenbuch, début de Vérité et mensonge d'un point de vue extra-moral*)。
② 人类作为生物物种以及对自然／文化二元对立的批判,参看让-马里·莎菲的《人类例外之终结》(*La Fin de l'exception humaine*, Gallimard, 2007)。在我看来,这本书既具有个人风格,又有着对哲学与行为生物学极其精微的深思熟虑。

"命定历史性"。我说历史性,是因为,此思想家——其繁难晦涩与福柯不遑多让(尽管二者全然不同)——就我的一点理解而言,沉浸在一种生成和不连续性的感觉之中,至少是在他著名的思想"转向"之后是这样的。他的钦佩者们毫不掩饰地承认他的语言有时候是神秘的。多米尼克·雅尼哥补充说,海德格尔的历史性使他的态度像一个先知[1],一个孤独地等待的精英,等待"将要来临的上帝"[2]。

正是时候!我已经穿上了防弹背心做好了防护,所以我敢冒险地指出,这位原创性的思想家要做的,就是复兴过去所谓精神——在一个遗忘了所有超验之物的时代里,重造精神,使之精细化以便能为人所接受。他为这个怀疑时代提供了一种无须推论而自我呈现的真理。获得这种真理,不需要

---

[1] 多米尼克·雅尼哥(Dominique Janicaud):《这思想的暗影:海德格尔与政治问题》(*L'Ombre de cette pensee: Heidegger et la question politique*, Jerome Millon, 1990),第152页。有关海德格尔的纳粹主义以及他的拒不忏悔这个引起轩然大波的问题,参看艾曼努埃尔·法耶(Emmanuel Faye):《海德格尔:纳粹主义的哲学引入》(*Heidegger: l'introduction du nazisme dans la philosophic*, Albin Michel, 2005)。
[2] 见前引雅尼哥著作,第97—108页。这一批评之所以特别有趣,是因为雅尼哥——我略识此君,他是一位高尚的人——本人也怀有精神乡愁,并且深深服膺海德格尔。

辩证法，而只需你"纵身一跃"①。在无信仰者生活的这个时代，他复活了既非神秘"存在"亦非宗教中的上帝的一种绝对。这种绝对"只通过藏身才呈露自身"，唯当其被祛蔽而被再遮蔽，只有充分地缺席而在场才能保持可靠。在历史与真理相互对立的这个时代里，海德格尔寄望于这样一种绝对，它出其不意的露面虽则充满了不连续性但毕竟仍是"历史的"，也将揭开一个新的时代。

海德格尔主义借助如此之多的"事件"——本有之事件（Ereignisse）②——澄明的照耀勾画了一幅巨大的历史

---

① 海德格尔：《同一与差异》（*Identité et différence*），载于《问题 第一编》（*Questions* I），普劳（Préau）译，第266页；《时间与存在》（*Temps et être*），载于《问题 第四编》（*Questions* IV），费迪埃（Fedier）译。《事物的秩序》第343页虽未曾直接点名海德格尔，但实际上针对的是他的历史-起源"偶合物"的。

② 希腊思想和德国哲学就是这类事件，它们助成了一种文化的整体，哲学正是每个历史时期的钥匙（或转喻……）。1945年之前，海德格尔虽不关注日常的和历史的人，但也已经承认雅利安人种和德意志民族具有——多亏了他们的Dasein（此在）——瞥见真理的特权。1945年后，海德格尔显然未再重提这个特权，而且一直保持政治观望态度，但也从未对他的纳粹经历做出哪怕一个字的忏悔。事件——"调整着真理本质"的正是事件（在其论尼采的著作中，海德格尔如是说）——之出现，"jäh und unversehens（突如其来，出乎意料）"，一如"Holzwege（林中路）"，见该著第311页。贯穿于各个历史时代的这个秘密把它的不可见的可见性以连续的显现的方式"交付"给我们——希腊的自然（Physis）、逻各斯和柏拉图主义的理念（或理式）、新柏拉图主义的

图景。历史即那个唯一起源以不同方式所进行的统治①。随着每一次澄明的照耀——它们不论如何都是肉眼看不到的——，新时代能使得我们感觉到它的在场，这在场就体现在特殊的共同体、劳动、文化（我们时代的文化是技术文化）和宗教信仰之中。尽管这些澄明照亮不尽相同、体现各异，但它们又都来自同一个起源即那个绝对，严格地讲，此一绝对所强加给我们的并非真理，而是它的不可置疑的在场，如果——这么说吧——我们委身于它而不是勇于在细节上对之进行科学推理的话。海德格尔试图规避某种柏拉图主义的"一"，努力地为历史清理出它所需要的巨大场地，同时也避免了浸入相对主义：那些不可见的澄明照亮有着相同的起源。但这就足以逃离相对主义么？这是真正的哲学发现，还只是词语上的解决办法？我们要回到这个问题。

海德格尔认为，人类的错误在于——人太经常犯这个错

"一"、斯宾诺莎的实体、叔本华的意志以及最后尼采的权力意志都是这个秘密的连续显现。海德格尔想要言说这个秘密的真正所是：它是如此与众不同的一个实体（entité）——它即差异本身。这样一来，形而上学如果没能辨识差异而只胶着于探索存在或神，则注定终结。

① 这是让·柏弗雷（Jean Beaufret）的观点，转引自弗朗索瓦丝·达斯杜尔（Francoise Dastur）对海德格尔的很好的评论之作《七星百科全书》（*Encyclopedic de la Pleiade*）的《哲学史 第三卷》（*Histoire de la philosophie* tom.III）。

了——在帕斯卡尔描述的那种非本真的耽溺中遗忘存在。海德格尔所说的人，首先是有着内在生活的存在者：他被抛入此世，他知道操心，他终有一死，他既是本真的，也是非本真的；但这人却没有躯体，对欲望、需要、劳动或政治解放一无所知。这种人，或者至少是海德格尔所说的"此在"，是对人的抽象，简化出的不过是能成为或不能成为的homo religious（宗教人）。我斗胆来这样说："此在"是一种灵魂。此灵魂只要不忘它与存在的相互而直接的关系就是本真的；而只要忘记了此关系并使自身在日复一日的事物多样性——而这恰是科学方法的典型进路——中耗尽精力，此灵魂就是非本真的。这种高蹈的"努斯（gnosis）"乃是一种没有神的神学①，是有关种种对立者巧合重叠、有关那无底深渊的一种否定神学——那个无底深渊难以捉摸，却通过其"本有（Ereignisse）"而在场，它的在场又连续地构成了那么多

---

① 按照海德格尔晚年的观点来说，存在于此前众多哲学家所思考的、宗教中的存在没有丝毫共同之处，而像一个召唤、离去并藏身的人，它——只是对一些"未来之人（Zukunftige）"来说——将是"最后的上帝"。参看L.艾英-汉霍夫（L. Oeing-Hanhoff）：《哲学历史辞典》第五卷（*Historisches Wörterbuch der Philosophie*, vol. V），"形而上学（Metaphysik）"词条，第1272行；上书第九卷，R.马尔特尔（R. Malter）所撰"是，存在（Sein, Seiendes）"词条，第219行。海德格尔的思想是一种借助其他手段延续宗教感的努力（甚至可以说就是延续基督教的宗教感，因为其他异教从未形成宗教感）。

神明。

　　人不是诸生物物种中的一种。如下一个事实使人变得特殊：真理不可能通过其他动物而只能通过它得以展开。二乘二等于三之类的事实，或我们心智所能把握的任何小真理，都不是这种真理本身。真理本身并不内在于人，而毋宁说人内在于真理。真理恰好借由人而发生，恰好向人敞露，或至少让人放弃所有对客观性的要求。正是这种启示（人，人本身，自其出生便被置入此一启示中，而此启示也因而向他展开）成其为人①——知晓存在的人和彼此互属（Zueinander-gehören）的人。此一真理取决于对我们存在于此一真理之中的认识。但这认识无关于判断；相反，我们多得数不清的具体判断是否正确，全赖于人对真理的源初开放（l'ouverture originaire）②。这不可能在逻辑层面或事实层面得到证明，海德格尔告诉我们说：此即纯然哲学真理；它借由行动而发

---

① 人必须使自身相配于他在存在面前所处的境遇，必须是本真的，而不要非本真地迷失于徒劳的好奇（《存在与时间》，第170页）、形而上学和技术之中，不能把有关"所是"的知识信以为真地视为最终的知识。旧约宣称"永恒是我牧者"；而海德格尔特别指出，恰恰相反，存在的守护者是人，人有义务念念不忘存在，勿因其他事物分神而偏离他对"单纯所是"的直观。

② 海德格尔：《存在与时间》，第226页。海德格尔对源头与本质未加区分，请参看下条注释。

生，而此一行动本就置入此真理之中①。

对许多思想家来说，可见的视域即可允许言说的言谈的边界，但海德格尔并不是这些思想家中的一员。他的灵魂属于这些灵魂中的一种，它们所感受的事物或高绝于九霄，或幽邃如深海，晦涩精微超乎实证。这种感受力也可以解释海德格尔的追随者中有些人何以如此狂热，或者实际上说何以如此具有攻击性。许多人——也许可以说大多数人——或多或少都有对我们所见之天的"天外天"的感受力。没必要相信他们，而为此谴责他们亦属荒谬之举（他们的这种天赋，反而值得羡慕）。但是随着去基督教化的过程的展开，这些人再也不知道如何满足他们对天际的渴念。如果他们情不自禁地用海德格尔主义来平复这种渴念的话，他们将会知道所要付出的代价有多大：他们将不得不委身于某种宿命论；他们将再也无法对既有事物做真假区分（甚至无法鉴赏一幅好的画作）；他们将不得不通过某种信仰行为——往往是宗教而非哲学所需要的信仰行为——坚信存在与事件。

原因在于：此在与存在间的关系当中并无理智的地盘。

---

① 此处我转述的是海德格尔有关真理本质研讨班的内容，见《全集》第二卷：《讲座部分，第三十四分册：论真理的本质》（*Gesamtausgabe, 11. Abteilung: Vorlesungen,* Band 34: *Vom Wescn der Wahrheit,* Klostermann, 1988），第75—78页。

艾曼纽埃尔·法耶告诉我说，海德格尔从不提理智，而不止一次地谈"我们的信仰"。如果你不信，你就是非本真的。而我们有什么理由来信仰这种精微幽深的形而上学故事呢？没有；我们还记得，所需的只是向着这信仰纵身一跃。海德格尔的信条所描述的人类并非我们的人之存在。他那里的人有着一种天赋的形而上学洞察力，这种人能看到"事物的根本"。用哲学的语言来说，这种天赋是直观（与感性直观不同，我们借着感性直观可以认识周围世界也可以去思考周围世界）。海德格尔一再强调，先是隐藏自身继而揭示自身的存在，其为我们所知的途径只能是那种直观——自从谢林以来，所有哲学家都靠着这种直观谈论着他们所想要谈论的东西。一旦获得了对绝对的直观，别的一切——我们人自身深处的一切——似乎在海德格尔眼中都不再重要了。

他有关真理呈现自身的著名学说当然有几分道理。可以说，就某种意义而言，他是对的：以现象学层面而论，我们以目击方式"看到"事物并立即"对它们产生确信"，而无须对之做出真假判断，无须将判断投向感觉中更精细的细节之上，正如梅洛-庞蒂所说的那样。我们之"所见"将自身呈现为我们眼中的实际事物：我们不会求助于再现这些事物的照片——因而，海德格尔往往谈论在场，而非验证。可是，在场并不能涵盖全部：它只是真理可能性的条件，只是真理的一个源：毕竟如果我们什么也"看不到"，那么真理也就无从谈起了。但能否说我们之所有"所见"都是真的呢？停留在这个"源"上还是不够的，用柯瓦雷的话来说，真理之源与真理本质不是一回事①。假若我对这句话理解正确，那么海德格尔就是没有从源出发再更进一步，而是规避了区分真假的可能性。我之目击所见是知觉还是幻觉呢？在场或不在场（有或没有）——我们这个世界上的一切现实都必须接受批判检验，因为真理有其本质，而此本质对应着其客体。"观看和虚怀接纳的单纯性"或许能让20世纪里所有的意识形态烟消云散——海德格尔竟觍颜如此断言②——，但除了这种"好的单纯性"之外，拿出那么一点实际的批判，可能更有益于他直面自己的纳粹意识形态吧。

　　源头与本质的这种关系也适用于艺术。塞尚的画作《圣维克多山》确乎是这位隐居艾克斯地区的画家内心中崇拜的女神的图像写照，但是若无绘画才能——这是绘画的本质——，这些圣维克多山的图画就只是普通的涂抹笔触，而

---

① 亚历山大·柯瓦雷（Alexandre Koyré）：《海德格尔的革命》，见《哲学思想史研究》（*Etudes d'histoire de la pensee philosophique*, Gallimard, 1971），第288页。
② D.雅尼哥（D. Janicaud）：《理性的力量》（*La Puissance du rationnel*, Gallimard, 1985），第281页。

不是那种图像写照。在政治领域也会发生这种源头与本质关系的混淆，其结果就是导向宿命论：某种宿命式的起源［德意志人的历史世界使命或Gestell（基座）］足以唤起某种政治，甚至不会让人对这种政治的本质加以考量。但是——比方说吧——如果政治的本质乃是让人和平共存的话，情况会怎样呢？我并不是说这是唯一可能的回应，而是要表明，我们不能在假定的命定起源上一条道走到黑。如果说技术Gestell（基座）是由于某种Ereignis（本有-事件）之开放而构成了我们今天的命运的话，我们就非得自暴自弃并以宿命论态度静待接下来的能终结现有命运的事件发生吗？当然不是，正如多米尼克·雅尼哥［他后来不再相信自己年轻时所信仰的海德格尔式的"努斯"（gnosis）］所说[①]，包裹不可能立即精确地抵达指定目的地，而是要经过一段时间，一步一步地抵达，这段时间给人留出了在政治上做出反应的可能性。关键恰恰在于，人是有批判性智力和理性的——至少是拥有理解力的，并且他们可以在自己认为判断正确的情况下

---

① D.雅尼哥：《这思想的暗影》，前引书，第102—134页；也见西蒙·克里奇利（Simon Critchley）：《多米尼克·雅尼哥：分享的理智，弗朗索瓦丝·达斯杜尔所收集的文本》（*Dominique Janicaud, l'intelligence du partage, textes réunis par Françoise Dastur*, Belin, 2006），第168页。

躲避灾祸①。

尽管福柯读过一些海德格尔的著作②，但与海德格尔不同，福柯并不倾向于神秘主义；他也不喜欢对人做普遍概括。但有一次，他这么做了——福柯写道："就人而言，其为有生命的存在者，从来没有合适于自己的位置，注定**漫无目的**，也往往**犯错**。"③之所以说总是犯错，是因为，尽管"话语"使我们能够认识经验之物或现象，但人类毕竟还是相信普遍的、元经验的种种理念；之所以说漫无目的，是因为所有人都是在他们的社会中思考和行动的，而文化却是武断的，并且随着时代的改变而改变，不存在什么超验甚至先验的东西在指导着人类的变迁——人的变迁是不可预期的。

我上面援引的福柯的评论几乎逐字对应与海德格尔说过的话，但其意义已经彻底改变。在著名的《真理的本质》一书中，这位德国思想家借人类的散漫（Irre）来表达这样一种思想，即人（我在这里是简要表述）总是与绝对擦肩而过，注意不到绝对，总是习惯于乏味真理或科学真理的平庸道路④。"普遍历史的每一个时代都是一个散漫的时期"，

---

① D.雅尼哥：《理性的力量》，前引书，全书各处。
② *DE*，IV，703。
③ *DE*，IV，774。着重为福柯所加。
④ 海德格尔：《论真理的本质》，第七部分"作为散漫的非真理"。

因为它忘记了人的本真本质（即著名的"此在"）应该向着万物的那个秘密敞开自身。我们并不总是散漫地生活于我们有关事物的知识之中，有些时候我们也能幸运地反思我们的知识事实本身，这个事实即知识是一种专属于人的特权，植物没有，动物也没有。这就使人成了独异于其他生物的一种生命存在。如果人能对此有所意识并对自身内的"此在"侧耳聆听，他就会发现只有他这样的存在者，才唯一能够与事物打交道——形成观念、感知——，只有他这样的存在者才胜于自然，能够直接与存在、绝对相沟通。在海德格尔看来，这才是一切哲学的基础。

对像福柯这样的经验主义者来说，那种存在是一个词语的怪影，在所谓理智直观名下被召唤出来；祭出这个怪影，你就可以随心所欲地言说。我们认识事物这个事实不过是我们所生活的世界中的一个现实，而所有真理都应该能接受批判。如果说人类总是犯错，这是因为他们从来都不可能抵达真理本身，而只能通过包覆真理的"话语"接近它，而每个时期的"话语"又绝不相同。

所以现在让我们回到福柯，回到我们的主人公，回到他的人的概念。当他谈到我们的永远漫无目的和我们的犯错之时，他究竟说的是什么呢？这说法确乎是一种普遍概括，甚至是一种哲学人类学的提法！他的怀疑论究竟发生了什么？

在这一点上，他的怀疑论遇到了它自己的边界。福柯上述的论断说出了人类条件下的最终真理：存在着最终的真理，尽管它令人失望，但这就是最终的真理。正如我们前面指出过的，毁灭性的资产清单自身不会毁灭；怀疑也不会针对自身；可以说，一切都是相对的，但声明一切皆为相对的论断却不是相对的。

在福柯那句话的基础上，并围绕那句话，我们可以从方方面面——我们之前、我们的远方、我们的未来——想象千百种人类的流变，想象千百种过去、未来或异质的真理，它们都属于特定的时期和特定的地点。在这些真理中，没有哪个更为真实，但我刚在这里写下的这句话却是真实的。我们对过去、别处或未来的人类的真理一无所知，但我们知道他们是和我们一样的人，被嵌置在具体的"话语"和特定的装置之中，都仅是半自由的人：他们是我们的兄弟。对他人抱有好奇，而不判断他们，这不正是人道主义吗？是的——你还能提出什么更具教益的独断论吗？

所以福柯就提出了这种人类学的普遍概括。但这种人类学是经验人类学，因为它并不源自对掌握着世界秘密的任何先验主体的思辨；福柯是在经过了对历史事实的思考之后才提出这一论断的。但同时，它也是一种哲学人类学，因为这个论断让我们超离我们自身，让我们超越我们的事件和处所，让我们离开了我们所有的局部真理，总之，使我们出离我们的"鱼缸"。于是，我们在高处向下望去，看到的是游弋在他们"鱼缸"中的人类，于是他们仿佛与我们不再一样了。

结论：人绝非怀有对天国记忆的堕落天使；他也不是海德格尔所说的存在的守护者。毋宁说，人是一种不稳定的动物，有关这种动物，所能认识的一切无非是他的历史，这种历史永远是实证性的，并没有任何引导这种历史达到总体性的否定性的外力涉入。

因而，对我们人来说，真正的真理无非是经验的和独异的真理，这是因为每个物理或心理的事件都是诸多原因系列相遇形势的产物。而这些相遇形势，换句话说就是我们所熟知的偶然。而偶然之发生，永远不会重复自身，总是以人绝对意想不到的方式不断地改变着方向。

人往往犯错，也相信那些普遍概念并服从它们（被我们信以为真的东西总是会规范我们的行为），而在每个时期，这些普遍概念都在社会层面被当作真理接受。在绝大多数情况下，我们提到真理的时候，指的就是这些。福柯说："在我说到真理时，我指的并不是有待发现或必定应被承认的真实事物的集合，而是规则的集合，我们借助这些规则区分真假，并给被认以为真的东西附上某些具体的权力效果。"①福柯《知识考古学》中的这段话可能会被维特根斯坦所证明："话语"、规则和规范"按照某种统一的匿名性来运作，作用于同意在这个话语场域里言说的所有个体"②。

真理包围、压迫并环绕着我们。我们或许会听到有人提出这样一类反对意见："好吧，但毕竟真理是存在的。"但是，此真理非彼真理。是的，我知道：若无习俗和偏见，社会就无以为继。但这是我们所要说的重点所在么？教导人的修辞和哲学是两码事，哲学不能太匆忙。哲学要确定恰当的位置，并继而需要时间来搞清楚偏见是在哪些方面起作用的。

从一方面讲，存在的是种种独异事物——我曾斗胆将它们与斯宾诺莎主义的样式相提并论；从另一方面讲，我们又往往给这些独异事物穿上极其普遍而误导性的概念和"话语"——如"宗教""民主"——的外衣。认识到斯宾诺莎那里的样式③和莱布尼茨那里的单子④之间的对立，或许是

---

① *DE*, III, 159。
② 《知识考古学》，第83—84页。
③ 莱布尼茨认为，在斯宾诺莎那里，"除上帝之外（换言之，除自然本身之外），所有事物都是以简单的偶然方式和种种样态流变不居的"。
④ 德勒兹：《斯宾诺莎与表现难题》，第30页。

我们把握福柯思想的一种方式。单子不是独异的；每个单子都是对真实实在的不完美的、局部的表现。如果我们把客观精神（les esprits objectifs）视为单子，那么我们就会得出推论，认为各种宗教、民主的各种形式以及不同民族的不同道德都是"真"民主、"真"宗教的众多单子、众多不完美的和局部的表现，它们必须在单子的基础上得到解释。

事实上，自柏拉图至今，这已经是我们习惯性的思考方式。多是一的不完美的表现。这种思考方式认为，在形式、本质（如民主）和对应的现实之间总是有不足的间隙。我们生活的此世总是不完美的：形式与现实之间的这种裂隙的原因，恐怕可以说是因为"肉身化"，或像希腊人所说的，是因为物质。于是我们就可以闭起眼睛，无视难题。但是福柯主义的精神却告诉我们不能闭目无视，要消除那些本质，以便我们能恰如其分地观察那些细微的"话语"现实。

我们该接受理念与现实之间的裂隙吗，我们该从这一裂隙中得出政治结论吗？这个问题与我们每个人都有干系。一方面，如果以右派的态度，我们可以说，既然所有事情都是对其理念或理式不完美的反映，那么我们听任事情那样存在就好了。但是在福柯看来，不存在对理念的什么反映；每一种政治不过都是诸原因相连接的产物；不可能有什么外部总体性；除自身之外，它并不表现其他更高的东西，尽管我们总是把它的独异性归纳入更高的普遍之中。但这样一来，福柯也让旧式的左派思想成了不可能——因为旧式左派思想总向往真正的民主，念念不忘于历史的目的或终结。萨特或布尔迪厄总是借助社会理念或某种历史感来选择自己的立场，而福柯则将他们当作理智归纳主义者来反对。福柯希望成为一名专业化的知识人，这样的知识人总是对在他的生活和专业实践过程中偶然遇到的某些独异现象持异见态度①。这是一种新型知识人，1980年左右，有很多讨论涉及这种专业知识人。

根本不可能接触到充足真理的裙边——我们千万不要因这个观点而感到惊慌。我们的认识能力比动物所拥有的要强一些，它们虽然与我们一样会犯错，但毕竟不大可能专注于它们生存的诸多细节。我们生活的世界，不是诺斯替主义的政治世界，也不是被意识形态操控的幻觉世界；我们认识许多细节的真理和独异的经验，指导我们行为的是一系列现象，而这些现象是能为我们研究和掌握的。我们在精确科学和人文科学中是可以得出一些实际的甚或科学的结论的。我

---

① 可见 *DE*, III, 第154页, 268页, 594页, 528—531页, 594页: "左拉是一个典型的例子。他并不是把《萌芽》当作一种副业来写的。" 福柯获得各种渠道的信息，并且为此目的常常参加集会，不是哲学教师的研讨班，而是护士的集会。

们可以辨识我们的错误,可以看清我们的漫无目的。但这并不会终止我们的漫无目的,而且也不会让我们不再生活——毕竟我们生活在现实之中。

自然科学与人文科学：福柯的规划

自然科学与人文科学：福柯的规划 / 141

尚有大量难题有待说明。如果说所有事物或几乎所有事物——除了日常现实，就像希腊怀疑论者会说的那样[①]——都是可疑的，那么精确科学得出无可怀疑的结果究竟是怎样做到的呢？而有关人类独异性的种种科学——历史学、社会学、经济学——对人类而言又有何价值呢？它们是可能的吗？[②]就福柯本人，这位伟大的怀疑论者而言，他对他自己的任务的真实性和未来怀疑过吗？当然我并不这么认为，首先还是让我们先来看看人文科学。

人文科学与精确科学之间的冲突——有时明朗，有时隐蔽地相互冲突——已经有一百多年的时间了：相较于"硬"科

---

① 参见维克多·布罗夏尔在《希腊怀疑论》（Victor Brochard, Les Sceptiques grecs, 1887; réimp Livre de Poche, 2002）第344—391页中对经验怀疑论的辩护和说明。福柯的父亲和祖父都是医生，而福柯本人是希腊医生的遥远后代，这位古希腊医生属于哲学上的怀疑派，他就是塞克斯都·恩披里科（Sextus Empiricus），他虽然相信隐藏着的事物是不可认识的，但仍然是一位可归入医学上的"方法论主义"一派的经验性的医师。

② DE, IV, 577。这个想法不是很严格，福柯几乎对人文科学的问题不感兴趣。

学而言，人文科学的认识论地位和严格程度如何呢？在"硬科学"阵营中的一些学科抛出的答案是"非常低"；它们的牺牲品做出了一些回应："但我们也能发现历史和社会的规律，或者至少我们将建立一些'模型'。""你必须做出些发现，就像经济学家所做那样"，吉尔-加斯通·格朗热（Gilles-Gaston Granger）警告说，"否则你将会一败涂地"。

在这一点上，社会学家和哲学家让-克劳德·帕塞隆（Jan-Claude Passeron）在1991年介入了这场争论，而在我看来，我们这位谦逊的历史学家（指福柯——译注）在这场争论中对社会科学以及历史学知识的认识论起到了至关重要的作用。帕塞隆做得甚至比提出了理想类型的马克斯·韦伯还要好，他绕开了这个难题的科学主义立场，指明了应该在哪里发现人文科学的科学性：这种科学性不在于对精确科学的模仿，也不在于确立规律和模型，更不用说什么假设-推论体系了，而在于形成可以被称为半专有名称（semi-noms propres）的东西。

半专有名称的这种认识论和方法论理论，在我看来，是符合福柯主义的存在论原理的，也就是说，是符合独异性原理的。这种理论默认在每个时期里，历史的全部总是各种独异事物的混沌集合，该集合又是由前一时期的混沌衍生而来的。把握这些高深的思想，我力有不逮，所以，为了方便理解起见，我将尽量用口语表述，然后尝试通过慎重的评述来叙述得更加清晰①。

---

① 在新增订一版的《社会学推理：论证的非专有空间》（*Le Raisonnement sociologique: un espace non poppérien del'argumentation*, Albin Michel, 2006）第361—384页中，帕塞隆（J.-C. Passeron）把（皮尔斯那里的）指数化概念替换为了韦伯的风格化概念。他的分析得出了这样的结论：所有社会学概念都是"半专有名称"，而所有历史学论证都服从于辩证法。因而并不像一般认为的那样，理想类型并非是软科学的一种不严谨的工具、不是一种具有缺陷的归纳：半专有名称的含义（Sinn）由局部描述所规定，而局部描述则是对一些通常属性的列举，半专有名称的外延（Bedeutung）则视"指数化"而定，这种"指数化"可以涵盖一个开放的集合，其中包括着由诸多独异个案所构成的参照点（比如，就封建主义之为半专有名称而言，可以说西方中世纪、德川幕府之前的日本，甚至——根据艾维琳·帕特拉金（Evelyne Patlagean）的看法——拜占庭帝国，都是封建主义的），因为就这些独异个案来说，它们具有相似性，都体现着那些共同的特性。定义仅仅是一系列特性的集合（封建主义包括两个特性：土地占有和对人的治理），而对那些参照点的穷尽性描述则是无休止的。所以，描述既不可能有限也不可能完全，故而历史学定义不可能独立于其参照点：这是一定要记住的，因为这些参照点可以让人们知道正在发生什么，正在谈论的是什么以及我们该如何去对它们进行推理。半专有名称不是一种方法论上的权宜之计；毋宁说，它的基础在于关于历史学知识和历史性的认识论：指标化个案的列表是开放的，因为存在着的无非是独异事件，而定义也总是不完整的，因为它总是受到被探讨的个案所涉的那些相似属性的局限。尽管这里不存在物理科学那样的严格性，但它自身是具有同等的严格性的：我们不能信口而言。这样的理想类型与幻象构造出超历史模型的科学主义妄想是完全对立的，因为超历史模型是不能被占据着各自具体时空坐标的众多个案所指数化的。历史学家的语言不会用到普遍概念，他的推理也不会。即便是"总是"这样的副词以及因果性的证明，也都是有个案的有限集合作其参照的：封建主义个案中提到的"总是"和"因为"，并不具有常规社会使用该类词汇时的含义。

我们可以考量一个独异的人，比如法兰西共和国的现任总统，或您的姐姐。他或她是被一个专有名称所指称的。只有我认识此人，只有我读到或听说过他或她，或者见过他或她，该专有名称的含义才能被理解。若非如此，若我对此人毫无所知，在我被告知他或她的名字时，我也将"不知所云"。黄头发、中等大小的鼻子、不高不低的前额、高颧骨……还需要这些更进一步的描述吗？要描述起来是无穷无尽的（就像许多现代逻辑学家会告诉你的那样）：一张护照相片会更有用。

这也适用于充斥于历史书中的指称着种种事件和过程的那些通用名称：政教合一、封建主义、宗教、民族统一的实现，等等。这些实际上都是某种专有名称，因为就算用最长、最长的一个句子，也无法让一个从未遇到过宗教的人确切地了解宗教是什么；要让这人明白何为宗教，你就得给他"展示"宗教。专有名称都是"无限描述"：就算你列出再多它们所涉及的属性，描述也永远不会完结，永远不可能是充分的。同样，在各类社会科学中，拒不指向个体或集体独异性的那些概念"既不会被某种有限描述所穷尽，也不会扩展为普遍法则"①。所以如果你在撰写著作时若要介绍封建主义或政教合一，你就得给它留一些它的历史学土壤，就好比你在盆栽一株

---

① 帕塞隆：《社会学推理》，第349页。

植物时得给它留出一些培土。

事件犹如个体，它们都是诗人所说的"你不可能看到两次"①的事物，这些事物皆是种种原因系列因缘际会的产物。与动植物不同，它们不可能被定位于某种类型学或种属的类别；这些事物也并不依赖于数量有限的同一化幌子以保持绝对的同一，并不像铅、铀235或氯化钠等化学事物那样通过它们的化学公式或元素周期表中的原子量而保持自身的同一。

历史学家是借助别的手段来书写历史的。他们所使用的半专有名称可以同样具有某种科学的严格性——这是一种人类领域所专有的严格性。历史学家们获得相等的严格性的途径是对这些半专有名称的描述进行"细密化"，其方式类似于现实主义记者或报道者所做的事情，即对可信的细节和相关的特写进行丰富，使所指的事物获得精确性，将之与似是而非地貌似相似的其他事件区别开来②。细密化，也就是对

---

① 语见法国诗人阿尔弗雷·德·维尼（Alfred de Vigny）《牧人之屋》（*La maison du berger*）。——译注
② 我想到了一个例子：米海依·科尔比埃（Mireille Corbier）最近比蒙森的《罗马公法》更好地描述了罗马帝国的君主政体。这是一种很特殊的君主政体，它在某种意义上说是世袭的，但从另一角度来看又不是世袭的；她的描述参照了大量的同类的差异和细微的可信细节。参看科尔比埃女士的《罗马的亲属关系和权力》（*Parenté et pouvoir à Rome*），载热内编：《罗马与欧洲现代国家》（*Rome et l'État moderne européen*, J.-Ph.Genet éd. École française de Rome, 2007），第173—192页。

细微的真实事实进行细密编织，借助这种方式我们才能避免陷入大而化之的本质论构造——比如说种族、民族性，等等——之中。

就所谓精确科学而言，它们生而幸运，全赖发现了一把打开自然现象的正确的钥匙①，而自然现象与人类不同，是有着可重复的规律的。这最终成就了技术运用和预言，它们被证明是精确的，并且是在实验方面可验证的：自然当中有那么多可以计量和计算的事物！这些可观的成功与真理尽管在实验上可以验证并且在经验上可以运用，但我们不能从中得出结论认为在我们的心灵与自然之间存在着一种先定和谐：物理学家建构模型，使预言和操纵现实成为可能，但我们却无从得知他们的表述是否真的符合现实本身。我正确地按照操作指南可以知道如何成功地驾驶一辆汽车，但我必须承认我对汽车封闭外壳背后所发生的一切一无所知。

事实上，自然科学最终要遇到我们理解能力的有限性②

---

① 亚历山大·柯瓦雷已经证明，哲学思辨中很多云山雾罩的东西都源自文艺复兴时期的实验化和量化的物理学。
② 我们的认识能力是有限的，所以就有这样一个有意思的问题：既然我们的理智是有限的，那么这种理智能否让我们意识到它的界线呢？我有一只能很好地应付自己生活的猫，它出于嫉妒而挠抓我正在读的书。它意识到我没有给它足够的注意，但却对书是啥没什么概念。克林·麦克金（Colin McGinn）在其《哲学中的难题：探索的边

以及我们不借助假设便无法触及存在这一事实。诸自然科学过多地依赖于理论上的假说和"范式"（这些"范式"毕竟需要修正，或者说需要通过草稿来重新思考）。福柯通过使用"话语"一词，在人类的思想和行动中看到了当今科学史家和科学理论家们在物理科学演进中借助"范式"（托马斯·库恩）、"研究规划"（艾姆勒·拉卡托斯①）或"科学（推理）思维风格"（阿拉斯泰尔·C.克龙比和伊安·哈金）这类表述所看到的东西。哈金就"推理风格"所写的文字，福柯的"话语"也会表达同样的意思：

> 二者先后引入了一个新型的对象：新型对象的存在标准是由推理本身的风格所给出的。一种推理风格并不

界》（*Problems in Philosophy: The Limits of Inquiry* Blackwell, 1993）严格推理的部分——尤其是第154页——探讨了边界问题，在那里他开玩笑地指出，无疑"天才的火星人天生就有解决我们难题的办法"。蒂埃里·马歇斯（Thierry Marchaisse）向我指出过，康德本人在《纯粹理性批判》开始时就在先验感觉论的第三节和第八节探讨过这个问题："我们对于其他思维着的存在物的直观完全不能作判断，不知道这些直观是否也被束缚在限制我们的直观并对我们普遍有效的那同一些[时空的]条件之上（第三节）……我们知道的只不过是我们知觉它们的方式，这种方式是我们所特有的，虽然必须归之于每一个人，但却不能必然地也归之于任何一个存在者（第八节）。"

① 拉卡托斯：《科学的历史与方法》（I. Lakatos, *Histoire et méthodologie des sciences*, trad. Malamoud et Spitz, PUF, 1994）。

对应所有其他的合理化论证方式。推理风格本身在其自身领域内决定着真理的标准。①

这些科学所取得的众多成功——这些成功也使它们规划的无间断的连续性成为必然——的基础保障也就是福柯所说的"装置"。现以物理学为例：这门科学的典型特征体现为一项任务的连续性，在时间过程之中并经历了不断的修正，此科学的任务获得了虽然暂时但毕竟无可置疑的成果。这门科学就像是执着于某些试错并修正的方法并最终取得不断成功的商业公司。它们的成功并非取决于天意，而是来自不断尝试的贸易。我们不能断定在我们的心灵与自然之间存在着某种和谐，同样，物理学家建立的自洽模型也不能断言自身完全符合于实在，而只能说它们可以预言并操纵某些效果。

胡塞尔想解开这个谜，其方式是在超越论的自我当中给科学找到根底，此超越论的主体具有朝向真理的使命，而此使命又是使此一执着事业成为可能的条件②。如果相反我们按照福柯可能会采取的推理方式去思考的话，我们就会

---

① 哈金对他自己学说的解释，可见《法兰西学院2003年年鉴》［*Annuaire du College dc France*（2003）］，第544—546页。哈金也把福柯的"认识型"（épistèmai）当作所指类似的思想框架加以援引。

② *DE*，II，165或 I，675。

做出反驳说，这种自我只是已经由《词与物》所揭穿的种种"经验-超验偶合物"中的一种而已。胡塞尔给实为经验的制度、普遍性等事物以形而上学的起源，并使之神圣化了，而那些经验性的制度、普遍性可以归结为一个词，即"装置"。物理学之确立，并非超越论的自我、人类使命所划定的一种规划，而毋宁说是社会学意义上的事物：制度传统的确立取决于连续性，而此连续性可能会中断，也可能不会。

应该补充说明的是，物理科学中的真理永远是暂时性的：牛顿继之以爱因斯坦。在物理科学中，若无相对于真理的关系或者说若不把真的和假的相区别，我们就寸步难行；但同样地，我们也不可能使这些真理永世长存[1]。错误绝不同于真理；错误只是被实验证伪的假说；不存在理由充洽自证的事物。

但事实毕竟是：即便牛顿不曾洞见全部真理，他毕竟"处身于真理之中"。物理学作为体制良好的学科将会永存，但其中真理永远处于暂时状态，这就使我们可以对前面提出的另一个问题做出回答，那个问题是：福柯相信（他当然相信）自己学说——他将此学说的全部优点归因于尼采

---

[1] *DE*, IV, 769。

（或者说，就像海德格尔曾做的那样①，福柯也将其学说的全部优点归因于尼采的某些他所特别留心的方面；1952—1953年期间，福柯在尤里姆街巴黎高师阅读了尼采的著作）——的真实性和持久性吗？福柯的全部工作的前提就是人类在时间中是有限的，以及人与时间之间的关系似乎是不可超越的。人既是知识的对象也是认识的主体；历史学知识被其自身的历史所纠缠，历史学的知识史本身就是变迁和漫无目的的一种表现。一个历史学家如何能坚信自己在一块终将被时间冲走的磐石上站稳脚跟呢？②

福柯的确并不给自己打这个保票。他说过，"我非常清楚地知道我是被嵌入在某个语境之中的"③。但我认为巨大而沉默的希望无疑毕竟有时候会在他内心升起。无论海德格尔是怎么做的，福柯所选择的那个尼采是与形而上学和柏拉图主义彻底断裂的挑衅者。在1960年左右，一个后现代世界似乎第一次使自己摆脱了有关某种超验基础和超人启蒙的幻觉，这种幻觉曾一度让世界相信它可以洞见符合一切事物的

---

① *DE*, IV, 703。

② 《词与物》，第382页，也参见第383页："历史学揭示了时间法则是人文科学的外部边界，进而证明了已被思考过的每个事物都会将再一次被尚未面世的思想重新思考。"

③ *DE*, I, 611。

真理并可以向前走出一条真理之路。"上帝之死"——在一切超验之物时代之终结的意义上说的"上帝之死"——使人从其幻觉中醒来,打碎这些幻觉并如实地看待自身——他原来无所恃傍,如此孤独。谦虚和谨慎让思想家不能将他的希望广而告之;但毕竟福柯在某一天的确大胆地透露,在我们的时代里,人正在开始学会不借助神话、不借助宗教,不借助哲学而生存①,或者说不借助对自身的总体归纳而生存。这就是尼采革命的意义所在,这就是尼采认为他在向前推进的工作。

在他看来,他所进行的这种谱系学批判就像伽利略物理学一样有着完整经验性规划的科学性②;他虽然也会犯错,他也指出了在《疯狂史》和《临床医学的诞生》中的几处失误,但他的任务毕竟是"处身于真理之中"的③。他有一次告诉我说尼采式解释学在知识史中开启了一个关键性断裂,他那坚定的声音、那宣告信仰式的声音清晰地表明他对此坚信无疑并充满希望。

他不曾忘记任何人都不可能预见自己死后的命运;但他确乎也展望过一种更为经验的可能性。他曾不止一次地说过

① *DE*, I, 620。
② 《知识考古学》,第160页及以下。
③ 有关这个表述,请参看《话语的秩序》,第16页。

他的著作只是"工具箱",但这么说的时候,这并不意味着他纯粹是谦逊地认为它们毫无价值。这些话的意思是,他希望他能(用大学界语汇来说)吸引来众多学生,可以邀请善意的读者们利用他的方法,继续他的工作,就像物理学家们有学生追随,继续他们的工作那样。

相对主义,历史主义,斯宾格勒主义?不!

我们还没解决时间与真理的问题。在福柯看来,在两个信条之中存在着答案的线索:谱系学历史学并不是哲学,它研究的是经验的现象①,此为其一;这种谱系学历史学也不会断言可以发现全部真理,此为其二。另外,谱系学历史学"涉及有关科学类型的科学及分析,或者说涉及服从于严格标准的理论"②。这种历史学将会得出有关古代的爱、疯狂和监狱的细致结论,但这些结论既是在科学上经过确证的,同时也永远是暂时的和可修正的,就像其他科学所做出的所有发现那样。迟早会有人做得比福柯更好,人们在那一天会惊讶于福柯的目光短浅。但福柯本人只要做到打消符合论、

---

① 《知识考古学》,第160页及以下。
② 《知识考古学》,第269页。

普遍论、理性论和超验论这四个幻象就足够了。

福柯主义并不栖居在高高的山岩之巅，它不会俯瞰所有事物之总体性，因为它并不先验地建构它的对象，因为要建构对象，只要他不是神，唯一的途径就是凌空俯视。福柯不知道自己身在何处，他没有总体性的地图；他也不知道他的边界在何方①。做哲学工作真的就那么必要吗？"科学活动会非常漂亮地把这个问题丢在一边——这问题超出了它活动的范围。"②你可以反对说"必须要成为哲学家，既然思考总体性是不可避免的"③。但真就不可避免么？思考总体性只是我们所知道的哲学所采用的方式之一，这种思考方式是黑格尔所鼓吹的一种形式④。胡塞尔大抵是最后一位总体化者吧⑤。某种哲学或许可以"通过成为相对主义的"⑥而限制自身，这也完全是可以想象的。所以我要问：倘若这种哲学不是永远在发展之中的暂时性的科学，或至少是此类科学所构想的规划，还能是什么呢？（《知识考古学》如果不是早期作品，如果不是急就而成，我想它本可能是可以给出这种

---

① *DE*, IV, 575。
② *DE*, I, 611。
③ 同上。
④ *DE*, I, 611—612。
⑤ *DE*, I, 612。
⑥ 同上。

规划的）

　　谱系学历史学家不可避免地会意识到，他有关古代世界的爱之"话语"的分析终有一天会被其他人超越。但他绝不会因看到这一点而不再作为。（这确乎揭示了学者心理学的一个侧面；但是，已经发现了某个规律的物理学家不会因他的发现确定无疑而沾沾自喜，他也无暇多想，对此很少关心）如果说谱系学的考古学是一门科学，是一项必将成功的事业，那么它逐步取得的每一个结论都会把握住一个真理，这真理不是相对的，而是暂时的。考古学知道它所思考的一切"将再一次被尚未面世的思想重新思考"[①]。物理学家无法预见他自己的科学将来最终会发展成什么样子。科学家不关心如何使有限与无限相调和，但却像其他所有人一样，他们也生活在此时此地，对有限、无限没有过多的思索，我们人都是这么做的。

　　很不幸（福柯对此不幸的意识几乎是不可遏制的），凌空而起并俯瞰思想的不可能性意味着即便是最具革命性的思想家们也不可能超离他们自己的"话语"小世界。谱系学和考古学的真理都是阶段性的"视角"[②]中所见之真理。

---

① 《词与物》，第383页。
② 《词与物》，第384页。

"那么你何以宣称能如此高远地谈论并描述他者的'话语'呢"——谱系学家或许会被这样问道①。他将谦逊地回复说他是从自己的"话语"出发的。他分析过去"话语"的基础是他所属时代里的并限制着他的那种"话语"②。当他要澄清"先于可能的思想的这种思想"——换言之即"话语"——的时候,他是在从"思想之前的某种思想、匿名而具有强制性的思想"出发思考着他自己。他从自己说话的这个空间里抽身回溯,再根据事实在自己不熟悉③的那个他者"话语"、那个总是"一被发现旋即撤走"④的"话语"之中给自己定位。

福柯所说的这些话所反映出的不安,也是两百多年来现代思想的典型特征。对人权心怀信仰,要比信仰朱比特神更稳当吗?在这里我们的态度又再一次表现为两可,就像在面对达芙妮月桂树时那样:我们相信我们的信念是真的,而一旦所信仰的真理遭受质疑,我们便会勃然大怒。而另一方面,这种信念又总是伴随着某种不安,我们总是惴惴于未来的人们会怎样看待我们的思想。(同样的道理,在由诸多民

---

① *DE*, I, 710。
② 《知识考古学》,第267页。
③ *DE*, I, 710。
④ *DE*, I, 515。

族国家组成的欧洲处于全盛期的时候,一位具有反思能力的爱国者,如果思考一下倘若他出生在比利牛斯山的另一侧或莱茵河的另一岸,他将采取何种立场,他也会感到不安。但这种不安感会被深藏于沉默之中)

正如我们两千五百年来所了解到的那样,习俗和信仰是与时俱变、随地而变的,就像福柯告诉我们的那样①,就算神还活着,那也没有什么让人吃惊的:在比利牛斯山的另一侧也会存在真理,而在山的这一侧也会存在谬误,但是——帕斯卡尔认为——被神所思考和担保的真理却是哪儿都没有的。人类的变迁是由如此之多的错误构成的,这些错误来自人类的弱点,但神曾经在这些错误面前表现为真理。19世纪异域文化和宗教的发现造成了悲剧式的转捩点,那个无限的上帝也随之走下神坛。人类有限性失去了它真理的担保者,人要面对的是自己的孤独,自己的全部错误和漫无目的。真理与时间相互对立,成了一对敌人。于是斯宾格勒出现了,相对主义也出现了,根据斯宾格勒的学说和相对主义,每个时代都有自己的真理;于是也有了海德格尔撇开时间重新发现绝对的那种尝试——那种尝试是崇高的、基于语言的。

---

① 有关这种"无限的有限性(finitude sans infini)",请参看《词与物》,第327—329页。

但与斯宾格勒不同，福柯至少不会是也不可能是一个相对主义者，因为，福柯在拒绝总体性和与实在、与物自体相符合的真理的同时，毕竟也明确地提出了对永远是暂时性的科学性与经验性真理的要求。相对主义——它起的作用永远都像是一劈两半的胸甲——作为一种信条，撇开这种主义的名字不谈，总是天真地憧憬着总体性真理，而这就使相对主义又与历史主义①区别开来，在历史主义看来，真理不那么重要，关键是生命（la Vie）的丰富性和多样性，以及"生成之庄严"，西美尔曾就此这样写道：对这样一个善于暗示

---

① 参看《词与物》，第384页。我认为完全可以说历史主义已经把历史学家的自发性悬置（对信念的悬置）——也就是说，历史学家的价值中立，只负责报道有关过去的种种信念，而不对之加以评判的中立性——设置成了一种哲学态度：比如，西美尔就是这样，在这一个问题上，西美尔的立场与福柯相近。西美尔感兴趣的是生命，生命的丰富性和多样性远非过于狭隘的概念所能涵盖（爱并不能简化为柏拉图《会饮篇》中所化约的那种概念），生命远超人的把握范围，因而任何人都不能自以为是地因希腊人的神话信仰而批评希腊人。西美尔的思想确实值得尊敬，他对细节的关注也让他收获颇丰，而他认为哲学仍然是对真理的探寻吗？哲学——或者说哲学家——有着其自己的实际真理，有着其自己的财富：作为这样类型的哲学家，西美尔所欢迎的敏感性，不同于经验主义学者的敏感性，而是不同维度的对总体性的感受力。他写道："像判断实验科学的结果那样判断哲学结论是天真的做法。"我们应该只问一种哲学是真还是假吗？在西美尔看来，我们必定要意识到各种学说是矛盾的：这是因为它们每一种（或至少是那些最完备地得到了阐释的每一种学说）都体现着一种可能的人类视角，就像自然包括了大量不同的、但又同等地繁衍生息的生命存在一样。

和富有同情性理解力的思想者来说，心理是先天的存在（就像对福柯来说先天之物无非是历史那样）——每一种精神类型都对应着一个特定的世界观。

而对相对主义来说，情况则完全不同。除非走向极端，相对主义不会认为自己能重新发现真理之岩石："由于过去的历史时代毁灭了所有的真理，所以还是让我们把那种脆弱性当作我们的基础并接受漂流无依的悲剧性矛盾吧：真理既是一，又是多，每个时代都有自己的真理。"我们却很怀疑这种说法究竟有没有意义：它所造成的吊诡堪比"时光旅行机"的悖论。相对主义认定真理是真实的，因为它自己所秉持的真理使它自己认为每个时代都不仅有种种信念，而且还有着真理（当然，只是对特定时代而言的真理）。它对不以时间为转移的总体性真理有着强烈的愿望：相对主义为了它的这个愿望不惜一切代价，甚至不惜将总体真理剁得粉碎，以便为每个时代分配一份真理，从而使之得以保持——据称每份真理的碎片都构成了一个局部的真理，如果我冒着矛盾的风险可以这么说的话。

如果说存在着名副其实的相对主义的话，那当属海德格尔的相对主义。在他看来，起源（l'Origine）连续送予我们的那些"时代性"真理都是真实的，虽则相互不能调和兼容：海德格尔直接接受这起源的独断性，它的那些裁断有多么不可调和，它的这种独断性对我们来说就有多么不可捉摸。这就像笛卡儿所说的"数学真理，您称它们为永恒真理，都是由上帝所建立的，永远依赖于上帝"①。但相反，福柯认为人千百年中所创造的那些普遍观念都是错误的，既然它们不可调和兼容。

现在让我们返回本书研究的主线，它将使我们紧扣福柯读者最感兴趣的他那些概念：知识、权力、人之主体化生成，以及自由。科学，我们说过，其维持并不依赖于来自天国的观念，根本就没有那样的观念。福柯告诉我们，这是因为科学是在某种制度的限制条件内展开的，科学之展开依从于大学研究，必定严格服从于某种规划——因为不这样做，其成果发表恐不会被当作真理②。科学依赖于某种装置，该装置，就像我们已经知道的那样，由规则、传统、教学、特殊建筑、制度和权力，等等构成。科学给出的种种提法，"陈述要在科学上被承认为真所必须服从的规则"③，以及

---

① 笛卡儿，日期为1630年4月15日的信。圣奥古斯丁也遇到了类似的问题：神法一直在变化。神向摩西启示，许可一夫多妻，但新法却予以禁止。这一现象的原因是神意总是使其要求与每个时代中的人类教育程度相称。
② *DE*, III, 158。
③ *DE*, II, 143—144以及III, 402："如果你希望得出有关生命、自然历史或政治经济的科学话语，就得在你所处时代里遵守的规则是什么呢？"

科学的"真理游戏"——由成功与发现、修正了的和可被修正的错误构成的"真理游戏"——都是由这种装置神圣化和永恒化的。

整个这套装置既塑造科学，也塑造着个人，个人只有在符合某种严格科学的框架内才能辨认真理。这些个人具有社会学家所谓的某种社会类型，或换言之他们有着科学家的身份。他们内化这种身份，按照这种身份塑造自身，成为与"科学"这个对象相匹配的主体。对象化和主体化"不可能相互独立；二者相互推进，相互联系"[1]，共同制造了"真理游戏"，而这"真理游戏"又过滤出具有科学头衔的陈述。这是一个充满着相互转化的发展过程[2]，其中主体与对象之间相互影响，不断地调整自身和它们相互之间的关系[3]。主体甚至时而会在装置内部——或者如果你愿意，也可以说在科学共同体中——引入一轮真理陈述规则的调整过程。科学的谱系学绝不能被简化为伟大的发现和科学理论的历史[4]。科学的谱系学无非就是科学主体与认识对象通过装

---

[1] *DE*, IV, 632。
[2] *DE*, IV, 277。
[3] *DE*, IV, 634。
[4] *DE*, IV, 635。

置所构成的交互而相互促生的过程①。科学家创造科学，而科学也创造科学家。

如果说科学家这一社会类型在起源上是经验性的，那么显然此社会类型必定是由那个装置所建构和生产的。就算某天研究者的自由可能与此装置发生冲突，研究者也是我们可称之为主体化的过程的产物。围绕这个被建构的对象会发生主体化，为什么强调这一点呢？不是为了让人类主体、其思想以及他的自由服从于装置暴政，而是要打消这样一种虚构，在此虚构看来，主体、自我是先于他的身份而存在的。一旦打消了这个虚构，我们就会看到，不存在什么"天然状态"的主体，也没有不受主体化作用的主体：这样一种主体并不是本原的，而是空洞的。在历史中根本找不到纯粹主体这种普遍形式②。

此装置与科学家彼此授权，而科学则单方掌握着对社会的权力，因为科学的职责是讲述真理；装置、主体和真理就这样相互勾连。在西方化社会之中，知识权力尤为强大，但我们千万不能对此做出错误的判断：这种权力绝不只作用于军事-工业体系，或者说绝不只是通过原子能委员会得到行

---

① *DE*, IV, 54—55。
② *DE*, IV, 733以及718。

使的！医学权力与法律权力不是一回事；它是一种知识分支的权力：医生给他们的病人通便和放血，因为他们知道怎么做，而病人也允许他们这么做；医学机构给出声明的时候，我们必须服从于它的智慧。

虽然种种具体知识机构有着确立规范的权威性，比如医学和卫生部、精神病学和精神分析，等等有关人的科学，但毕竟不代表全部权力[3]。在全部世界范围内，只要是在装置中被断定为真的事物都有权力赢得服从并训练人学会服从。君主权力合法如果被认为真，那么你就得服从你的君主，你就要成为他的臣民/和一个主体（在sujet一词的双重意义上来理解）。

所有权力、所有权威，无论是实践的还是精神的，以及所有道德都宣称自身来自真理，都做此断言，并因所谓建基于真理之上而受到尊重。"政治中最大的难题就是真理难题"。在有些时候，君主或其指导者先发明出一种新的统治方式，然后随之产生有关真理的新理解，进而真假才以这理解为标准重新划分。但在有些时候，是划分事物的新方式的

---

[3] 参看V.马歇特（V. Marchetti）和A.萨洛蒙尼（A. Salomoni）在福柯《不正常的人》（*Les Anormaux*, Hautes Etudes-Gallimard-Seuil, 1999）第316页的评论。

发明在先，君主随之不得不采取新统治方式。①

让我们说得更直接一些。存在着两种真理。我们的这位怀疑论思想家一定会说而读者诸君也已经读到的是：普遍真理绝不是真的。而这一点又是绝对真的。但从数量上说，这条真实的真理却少而又少。众多时期里绝大多数真理都不是绝对真实，但毕竟作为真理而存在。它们是"世界中"的真理，实际上我们在许多情形下都可以说它们不那么真实，因为它们不过是"众多限制条件作用下的产物"。由于它们被判定为真，所以"话语"的这些真理有着真实的"话语"所特有的效果②；它们内在于制度、习俗和法令，等等一系列装置之中，所以它们总体构成的东西要比意识形态和上层建筑范围更大！在苏联及其卫星国，全部社会主义经济就是通过这些真理而被制造、被正当化并得到发展的③。

可以总结成三句话。绝大多数真理是"围绕它们的生产、建构、流通和功能而组织起来的一系列程序的集合"。这些真理"以互为因果的方式共同隶属于权力体系，正是权力体系制造了它们、推进了它们，并使它们与权力挂起钩

---

① 《不可能的监狱，米歇尔·佩罗所组织的19世纪监禁体系研究》，第51页；*DE*, IV, 30。
② 以上均参见*DE*, III, 158。
③ *DE*, III, 160。

来"。所以，关键的政治难题不是谬误，不是幻象，不是异化，也不是意识形态；而是真理本身——因此之故，尼采才显得如此重要①。除这三句话外，还应补充一点，在生产出了科学知识的西方社会中，真理所起作用尤其大，因为那种科学知识虽然永远是暂时性的，但也承载了一种普遍价值，这种价值已经是西方历史的一个内在组成部分②。当然，这也是一条或许还能走下去的路⋯⋯

我们发现这片药有些难以下咽。如果您认为不必说出所有真理，价值应该得到拯救，就像卡皮托利因一群鹅（它们的确警觉）而获救那样③，那么您最好就此打住别再读下去了；因为我们之间已经无话可说。您只能退回那场古老的战斗之中，战斗中的一方是哲学（即便不是柏拉图主义哲学），哲学总是希望一劳永逸地言说真理，甚至不惜以它自身的生命和世界本身为代价，而另一方则是修辞，或换言之宣传，修辞或宣传为了更令人相信，就像亚里士多德反讽地指出的那样，为自己选择的基础无非是人人头脑中都有的那

---

① *DE*, Ⅲ, 160。
② *DE*, Ⅳ, 30以及Ⅲ, 258。
③ 公元前390年，高卢人入侵罗马。高卢人攻入罗马，却未攻入坐落于山上的内城卡皮托利。当高卢人夜晚偷偷爬上山要洗劫内城时，一群鹅叫声大作，惊醒了罗马人，起而抵抗，直至罗马援兵赶来，击退高卢人。——译注

种废话。

　　如果我们赞成亚里士多德，那么我们就应该能看到我们眼前究竟是什么：当我们考量别的时代和别的地方的社会时，我们看到了什么呢？文化和文明，而这些文化和文明就是人们所采信的众多的真理。一群活着的狗会认为它们自己比死去的狮子优越，而我们在面对过去历史的时候，也会产生同样的优越感：太阳围着地球转，奴隶制与种族主义一样天经地义，朱比特是一个神，有这么多偏见可供我们沾沾自喜地加以嘲讽；1801年之前，欧洲还在烧死女巫[①]。没完没了的嘲讽，我们总会感到厌倦。所有那些偏见确乎存在过，一些最优秀的心灵，比如笛卡儿和莱布尼茨，都对之深信不疑。我们一旦将之当作幻象和谬误打消，我们自己就会做得更好。这一切背后无非是它所属的"话语"及其装置，我们所处的位置更好了吗？更为有益的做法是去指明究竟是何种谱系学无中生有地创造了我们的时代以及别的时代中的现实。

　　我们，我们当代人，究竟是什么呢？有关种种对象的话语包裹着我们，使我们这样行为，而这话语究竟是什么呢？

[①] 最后两名被活活烧死的女巫，一名在西班牙于1799年被处决，另一名于1801年在瑞士的乌里州被处决。

只有将来某一天发现他们自己与我们是不同的人的人们才能知道：只有他们才会知道什么是我们的现代；而我们自己是不可能"预见我们未来会发展成何种样子"的。但是，尽管我们瞥不见我们之所是，却至少能看到我们之所不再是①；一些偏见，比如同性恋恐惧，正在消失：我们已经意识到了这种心理定式（mentalité，它是相关无身体的观念的物质性装置）是多么武断。但我们还会有其他偏见吗？它们会是什么呢？在我们消逝之后，我们的子孙后代——只要他们看到了自己是与我们不同的人——才能知道。总而言之，差异——它们就是我们所知道的和将要认识到的全部。

---

① 《知识考古学》，第172页。

真理的社会学历史：知识、
　权力、装置

如此之多的差异和新的真理方死方生，那些新的真理并不是你非要相信的，它们也注定要被扫进历史的陈迹之中，所以有些人就得出结论说，真实的事物是不存在的。但福柯却说"我们的问题恰恰相反"[①]：也就是说，福柯的问题是搞清楚如何对一个具体对象进行界定，这个对象即逐渐嵌入一个装置之中并因此装置而变为一个现实的疯狂，也就是在其具体时代里被理解的心理疾病，在其所属时代之中，该对象的现实后果体现为对待疯人的种种处置措施。

有一段话说得非常清楚："政治和经济不是实存的事物，不是错误，不是幻觉也不是意识形态。它们是这样一类事物：它虽然不存在，但却被铭写在实在之中，完全受控制于切分真假的真理的统治。"[②]

福柯对被接受的真理的这种社会和制度性构成进行了研

---

① *DE*, IV, 726。
② 《生命政治的诞生》，第21—22页。

究。与尼采不同，福柯很小心地避免得出附带的结论说非真理乃是人类的存在条件之一。他并不做大而化之的概括。他也不求助于形而上学，哪怕是权力意志的形而上学。

真理与某些实践所构成的特殊领域因而构成了一种知识-权力装置，它能使不存在的某种东西被铭写入现实，进而这种被铭写入现实的东西又借助这一装置来对真假作出区分。于是福柯所偏好的主题之一就是：concatenatio causarum（因果性的系统配置）或历史生成因果性一旦构成了某种"话语"，该"话语"就会将自身强加为历史的先验之物①；在当代人的眼中，只有以符合当代"话语"的方式说话的人才能称得上是言说真理的，才能在"真假游戏中"②得到承认。不过，在这一过程中，种种话语实践是作为关键全程起着作用的。这就是文明的进程。不难想见我们是如何思考我们自身的。福柯所得出的并非有关真理的一种逻辑的或哲学的理论，而是有关讲述真理（dire vrai）的一种经验的——也几乎是社会学的——批判，所谓讲述真理，即指以符合真的方式言说的"规则"，Wahrsagen（言说真理）③的规则。福柯曾对我说过，尼采之为哲学家，他所思考的并非

---

① 福柯在1984年又重提这一表述，参看 DE, IV, 632。
② DE, IV, 634。福柯又将这一游戏称为"难题化"（problématisation）。
③ DE, IV, 445。

真理，而是讲述真理。

然而"真"并非一个空洞之词。"如果我们身处于陈述的某个层面，也就是身处于'话语'之中，那么真假的切分方式就既不是任意的，也不是可调整的，既不是制度性的，也不是粗暴的"①。但也只有在这个层面中，话语才是真实的；并且正如已故的多米尼克·雅尼哥指出的那样，我们也只有在话语层面中才能做出向另一阶段——即特定时代的现实谱系中的另一阶段——转换的选择②。这是没有事物能予抵抗的层面。没有事物能抵抗，当然（还必须要说），除了怀疑论者也无法怀疑的那些独异的、经验的事实（比如，我们在开始时说的德雷福斯的清白）；也除了诸位刚刚读到的一切，即谱系本身，也就是说"诸话语"及其装置的那份真理清单——尽管"诸话语"及其装置就它们本身来说是来自空无的。真实是存在的，因为即便种种真理必要经受尼采式的批判，真实仍然是这种批判的可能性条件。

1978年福柯就说过，他全部工作的目的就是来说明"整

---

① 《话语的秩序》，第16页。
② 尽管有人会说，尼采从没说过没有真理存在；见多米尼克·雅尼哥（Dominique Janicaud）收入《哲学家米歇尔·福柯：国际会议》（Michel Foucault philosophe: rencontre international, Seuil, 1989）论文集中的文章（第331—353，346页）和《哲学再出发》（A nouveau la philosophie），第19页。

套实践和真理统治是如何联合起来构成了一种知识-权力机制（或装置：dispositif）的"①。凡是被信以为真的必将获得服从。现在就来让我们看看这种权力：所有这一切是怎么铸成这一权力的呢？它之所以会出现，是因为"话语"给现实打上烙印，而在现实中权力无所不在，这一点我们会很快看到。凡是被断定为真的，都要求得到服从。权力要比精神病学知识或科学的军工用途扩展得广泛得多。我在爱情生活中或在别处的所作所为、人们普遍的所作所为、政府的行为，无论好坏——所有这一切是不是都依据真假的划分进行呢？

事实是，并不依赖什么标准，人们所依据的是种种规则，遵从于他们视为理所当然的习俗。如果我们不满足于持有某种太过狭隘或幻觉的权力观的话，如果我们不将其简化为国家、集权政府这种冷冰冰的怪兽——有人可能会说，它在不断扩张——的话，那么我们将能察觉到权力是无处不在的。福柯并不认为权力是恶魔一般的②，那么权力是什么呢？让我以某种大尺度的理想类型对之加以描述：它是一种能力，可以不必施加压力于人身，而能控制人的行为，不必

---

① 《临床医学的诞生》，第22页。
② *DE*，**IV**，727 及740。

实际把人的腿脚搬到指定位置就能让人自己行走。它是一种最常见和普通的东西，随处可见。家庭之中、情侣之间、工作场所内以及单向街上，都有权力在起作用。千百万种细小的权力构成了社会骨骼，个体则是这副骨骼中的肌肉。这样一来，权力无处不在，自由也因而无处不在①。显然，在境遇之中，有人随波逐流，有人却逆境而动。

政治哲学太过经常地将权力简化为集权政府、利维坦这个末世的巨兽。但权力并非只源自这令人厌恶的一极，"它的传布借助于某种毛细血管组织，这组织如此繁密，以至于我好奇是否还存在权力不起作用的地方"②。服务于奥斯维辛铁路线上的火车司机听命于巨兽，其原因是他的老婆孩子有权力坚持家庭里的这个父亲必须领回薪水以供家用。对社会起促成（或禁止）作用的，不仅有中央权力的活动，而且还有不可计数的细小权力③。若无这一丛丛细弱微毫的细小权力，利维坦将寸步难行——不是因为所有权力都来自中央，也不是因为利维坦无所不在，而是因为在这利维坦下面

---

① DE, IV, 720。
② 福柯与罗歇-保尔·德洛瓦的谈话，见《米歇尔·福柯，谈话》，第129页。
③ 见DE, IV, 450以及《言与文》索引的"权力"条目下所标出的其他众多文本，都对此做了详细说明。

除了抓不住的不断流动的沙子之外再无他物。就像在创立荣军院和他的贵族制时拿破仑所说的那样,你必须在沙子上铺上一些石子。

我们逃离不了权力关系。单从另一方面来说,我们也时时处处地在改变着这些关系。权力是一种双边关系。它总是伴随着我们或多或少进行抵抗但却是自由地(是的,自由地)达成同意的服从①。当然,那种自由不是飘浮在虚空中的,其诉求不可能超越时间地点并为了一切人。自由可以超越当时的装置,但他所超越的也只能是特定具体的心理和社会装置。不可能指望古代基督教具有废除奴隶制的思想。

装置与其说是制造了我们的某种决定机制,不如说是一种藩篱,我们的思维和自由要以之为参照做出或不做出反应。它们之所以以之为参照,是因为装置本身是活动的;它是"具有某种效能的"一种工具,这种"效能在社会中引发某种后果,产生某种事情;它必定是有效果的"②。它的影响不只限于知识对象;它还作用于个体与社会;当然,作用就必然引起反作用。"话语"发布命令、施行镇压、诱导劝说并进行组织。它是规则与个体之间"联系、摩擦,乃至

---

① *DE*, IV, 225—226, 740, 也可见《言与文》中"抵抗"索引条目中涉及的文本。

② *DE*, II, 636。

可能的冲突的交汇点"①。它是知识的作用效果因而即权力的作用效果。这并不是说真理游戏只不过是权力游戏的幌子②，而是说某些类型的知识，在特定的时代——我们的时代也是其中之一——里，或许与某些权力保持着某些关系。在古代，（善的）知识是——在某种程度上说——（坏的）权力的反题。而如今，权力利用了某些科学，更普遍地讲，将自身呈现为理性的、有知识的权力③。

自由是一个如此麻烦的哲学难题，以至于我们必须以正确的措辞来讨论它并为之给定一个具体的含义："我相信个体自由。但在相同的情境中，众人恰恰以不同的方式做出反应"④；不外如此。就此，福柯抱怨说自由这个令人不满的词或许应该是"社会学的"。权力、思想与自由在科学共同体当中无处不在。青年研究者与"能在科学上被当作真理接受下来的陈述构成规则"⑤之间会爆发冲突。人类主体不是

---

① *DE*, II, 723。
② *DE*, IV, 724—725及676，也见726。
③ 福柯与罗歇-保尔·德洛瓦的谈话，见《米歇尔·福柯，谈话》，第128页。
④ *DE*, IV, 782。
⑤ *DE*, III, 143；也可参看III, 402："在特定时代里，当某人希望得出有关生命、自然历史和政治经济的科学话语时，他必定要服从何种规则呢？"

建构的实施者,而是被建构者,一如他们的对象。但主体毕竟由于其自由而能出于意志地做出反应,进而由于其思想能力而抽身做长远的审视。装置与其说是主体能动性的边界,不如说是此能动性借以证明自身的藩篱①。这种自由观更接近于梅洛-庞蒂《知觉现象学》在反对萨特及其空洞自由时提出的那种自由观——萨特的空洞自由根本没有任何藩篱的限制。让我们更进一步,这样说吧:人类从来都具有能动性,从来都在创造新事物。无论一个个人受到何种社会的或个人的动机或刺激的"驱使"——就像我们常说的那样——,该个人既然不曾听任自身停留在他自己的话语鱼缸之中,那就必定有着可使自己受此种"驱使"去创造新事物的自由。

毕竟,个体及其自由不可能被一笔勾销;它们总会存在,即便是以变成它们自己对立面的方式存在。就此,福柯从未写过或说过这些话,但是他的学说却包含着这一点。1885年,尼采写道:"即便在服从之中,也存在着抵抗。没有放弃自己权力的事物,秩序也包含着让步的余地。"②

---

① 《知识考古学》,第272页。
② 我这里的引用来自我手头的尼采著作旧版,参看尼采:《重估一切价值》(Umwertung aller Werte, édition Würzbach, 1977)第268页,第85节以及第302页第190节;《权力意志》(La Volonté de puissance, trad. Bianquis, 1995),第249页第91节和第290页第196节。

他还断言，自由"并非为了生存而是为了掌握权力而斗争；一个被战胜了的人并非被彻底消灭，而是被打倒或被迫服从；在精神领域里没有被消灭掉的事物（es gibt im Geistigen keine Vernichtung）"①。每个个体都是一个力量中心，要么战胜要么被战胜；如果是后一种情况，这个力量就会转化为怨恨，或相反，转化为对胜利者的忠诚献身，或兼而有之，但是其权力意志却绝不可能被清零或消除。

这个力量或许会成为"它自己的反面，只要它还继续存在的话"，就像拉罗什富科在断定一个傻瓜不可能具有善的力量时论及"自爱"（amour propre）时所说的那样。同样，我们也可补充说，当一个人发现自己处于同某个强于自己的人相对抗的位置上的时候，他别无选择：要么成为对手的敬仰者，要么嫉恨他，除非自己先行退缩，避免和对手有任何照面；在这种情况下，此人将只会体验到对手不屑于与他争斗，更遑论两相敌对。同样，如果一个人自幼不幸，长年生活在不曾稍减的痛苦之中，这种经验虽然会给他造成重压，但另一方面也可能会给他带来改善自身境遇的积极感。利他还是利己、幸福还是不幸，相伏相依，皆为机遇。

---

① 尼采：《哲学著作全集 卷十二》，第302页，注释7[53]。

福柯说过，"令人震惊"①的是有些人认为福柯本人支持"不可避免的决定论"。他总是使用"策略（stratégie）"一词，以此指称人们在千方百计赢得斗争的过程中的选择结果②。而"思想"③——我们或许还记得，思想本身就是一场战斗——"有自由后退一步，批判性地审视自身的构成，把种种事物身上的那种误导人的'亲熟性'剥除掉"④。所以才有了福柯对某种形式的社会学主义的批判。当然，我们处于社会之中，社会也对我们有决定作用，但是——他写道——

> 人们必然能够从所谓现实的唯一诉求的社会所要求的那种认可作用中抽身出来，不再把风——我的意思是"思想"——看作是植根于人类生活和人类关系中的本质性事物。⑤

---

① *DE*, IV, 693。
② 可见*DE*, II, 305, 632, 638等处。
③ 尤其可参看*DE*, IV, 597。
④ *DE*, IV, 597, 另见180。
⑤ *DE*, IV, 180。

挑战一种"话语"并"揭穿它的种种论断"①，可以有助于动摇支撑着它们的装置。

我们这位自由的支持者受到了来自社会学主义的指责，但也就是这同一种指责也抱怨他是决定论的②——这真是件可笑的事情。在一个时期里，福柯被认为是一个结构主义者：他把人固定于装置，"哪怕最微小的创新"也被他"桎梏于陈规"③。这些指责者之所以如此激愤，就是因为——我怀疑——他们归咎于福柯并加以指责的观点恰恰是他们本人所具有的；因为我们的文化，作为人道主义和社会学主义的混合物，会让我们时而赞颂人的自由，时而又让我们抱怨人乃是决定着人的社会学条件的牺牲品④。

这种抱怨（在某些人看来，则是功绩）的一个变体就是将福柯视为结构主义者，视为人类主体的否定者。这只是一时的效果，或者说是那个时代的时髦：所谓的结构主义以及

---

① 1975年6月，福柯与罗歇-保尔·德洛瓦的谈话，发表在《世界报》2004年9月19日和20日的《档案》(*Dossier*) 栏目中。
② 比如可参见*DE*, IV, 693。
③ 《知识考古学》，第271页。
④ 这是我对*DE*, IV, 205的理解和阐释，读者也可参见*DE*, I, 608和《词与物》第333页。对于那些与福柯哲学不同而却又与之同属一个时代的哲学而言，人，这个经验-先验的偶合物，既是可被理解的经验对象，又是作为这一理解之可能性基础的主体；人既是其历史的客体，也是其历史的创造者。

那时人人挂在口头上的结构主义，都是以否认主体为前提的。但给福柯贴上结构主义标签，殊为令人吃惊。事实是，"结构"一词在他著作的所有地方都是找不到的，此外，正如我们已经看到的那样，他确信人类主体的自由。他强烈反对自己被划为结构主义①，那样做毫无益处。青年学生出于敬仰而称他为结构主义者，四分之一个世纪之前，青年学生们也同样是出于敬仰坚持以存在主义者这个当时的流行标签称呼萨特，而西蒙娜·德·波伏娃告诉我们，萨特也一直是拒绝这个称呼的。

但是，说福柯接近于结构主义并追随过真正的结构主义这个潮流还是有道理的：结构主义对福柯充当过新观念的培养箱的作用。福柯相信讲述真理是具有历史性的；他相信独异性，也相信那种"稀疏性"（rareté）；从这三条理由来讲，他很像结构主义者，承认思想并不仅与它自身打交道，

---

① *DE*，I，816—817。尽管不无粗暴，但还是要说，福柯的对话者是马克思主义者，后者既武断又局限的独断论今天让人觉得可怜、哭笑不得。有一个流传已久的说法，认为福柯抛出了一块骨头，为的是刺激他的那些年轻追随者的胃口，后者觉得称福柯为结构主义者是对他的拥戴方式。就当他在法兰西学院就职讲座快要结束时，他公开地向他的听众说出了以下具有蔑视性的话："诸位倘若痴迷于这种没有告诉您任何东西的思想，那么在我以后的讲座中，我会谈谈结构主义。"这些话没有刊在他的讲座的印刷版本之中。

而是应通过它之外的别的东西得到解释——福柯认为,这个别的东西,应该是占支配地位的"话语"和"装置",而在结构主义者们看来,则是结构。

实际上,两种学说所否定的东西是一致的,但它们本身很难说有什么交集。两种学说都宣称在事物和意识之间存在一个tertium quid(第三项),正是这个第三项超越了主体的至上性,它是一种不透明的东西,但又不是萨特式敏感所珍视的那种自欺和暧昧。任何拒斥马克思主义的思想——现象学和各类意识哲学——都会被说成是结构主义的。比如,出于各自不同的种种原因,结构主义和福柯都不同意将解释与理解对立起来[①]。在福柯看来,历史作为先验存在,与其说是一种结构,不如说是一种离散状态(dispersion),影响着我们,但我们对它毫无理解,甚至不能注意到它的存在。

忆昔结构主义繁荣时……

在提及结构主义的时候,我或许不该使用"时髦"或"时兴"这类词。在两千多年的时间里,人们往往对时代中的错误大加讽刺,如今的年轻人也总是指责现时代的愚蠢,

---

① *DE*, I, 126—127和446。

但这样做是没有什么意义的。另外，用一个词给思想运动贴上标签，以此方式对思想运动施加判断，或者在某个更高原则的名义下对之进行谴责，都不是明智的做法。因为，年轻一代人虽然受到这个标签式的词的桎梏或暗示，但也会形成新的思想。思想方式即便在它们的原则方面有错误或混淆，但也可能是富有想象力的。年轻的思想只有在与它们一样年轻的灌木丛中才能开创出新的道路。

结构和"话语"既非源自胡塞尔，亦非源自马克思，更不是来自人道主义；而在1970年左右，社会史学家及意识与主体哲学家们的有色眼镜却有充分的理由让他们做如此理解。福柯和结构主义被视为同一种异端邪说，而在另一些人看来，则代表了新事物的曙光。

在一些人看来，结构主义是一场能带来繁荣局面的冲击。就此，我可以重提一些旧时的记忆——个体微观史学使我能对大规模积叠效果的腠理有所感知。半个世纪以前或更早的时候，那时我还是古代史教师，一位学生与我谈心，我知道了他当时的信念：他是一名共产主义者，同时也是《存在与虚无》的读者，此后成了一名著名的东方主义者。1955年的时候，他的萨特-马克思主义信念因克劳德·列维-施特劳斯的一篇文章而发生了动摇，在那篇文章里，列维-施特劳斯分析了亚马孙地区部落里的文身系统。通过研究这些图像，我们可以看到，结构的组合方式何以能如此充分地解释现实的某个侧面的多样性。

这简直就是一道光：并不是所有的东西都能简化为社会或意识的——还有个第三项，tertium quid。结构主义在当时使超越主客体之间的直接对话而又不陷入社会学主义成为可能。

我的这位年轻朋友穿过了马克思主义与萨特主义之间的缝隙（这个缝隙很微小，这位年轻朋友却几乎体察不到），他让我停下来思索，在所有方面去探究并找到有关那个"第三项"的种种例证。比如说，语言学家为什么就不该是结构主义者呢？符号和语法结构的任意性是强加给主体的，我的这位年轻朋友告诉我说：法语中水被称作eau，德语中水则被称作wasser，而这一事实并不是什么意向性意识或胡塞尔式的意识的作用结果。正如约瑟夫·斯大林和雷蒙·格诺都指出过的那样，水是否被称为eau，并不出自什么人的利益。结构主义并非全属荒谬！

同样，必须承认阶级差异和阶级压迫是历史常态；但阶级斗争却并非如此：在许多情况下，被压迫者并不意识到他们在受压迫，也就不会去斗争；在每个时代里，人们都无法看到那如此明显的事情——这简直不可思议。我的这位年轻朋友说，这就是一个残酷而悖论的事实：物质性与马克思主义的唯物主义是相悖的（的确如此：这已经预示了福柯那里的无形的物质性)。

我的这位文学系学生继而开始嘲笑他的比较语法学教授，该教授之所以素来受到其门徒的敬仰，是因为他巧妙地通过拉丁语使用者的心理学解释了拉丁语词汇的不规则现象。在语音学方面，这位学生又对他在课堂上所学的东西表示怀疑，他并不认为语音变化是有意识地为发音找到口腔肌肉省力方式的一个结果：因为，在其他语言中，语音流变也有与此完全相反的发展过程。我的这位年轻朋友于是准备读一读特鲁别兹柯依和亨利·马迪内的著作。

最终，他了解到在埃及艺术当中有一个表现习惯，即人物总是侧像，但肩与胸却除外，总是正面呈现[①]。通过翻阅马尔罗的作品，他还注意到其他文明（非洲和玛雅艺术）都有它们各自的人类身体的图像惯例，而这种任意性的造型符号既不表达艺术家的意向，也不表达社会的心理定式；这种惯例就是一种语言特征，其中没有可提供理解的东西。于是他又准备阅读沃尔夫林。

我们可以发现，有一种举一反三的类比感知，推动着我的这位学生在许多不同的学科中将同一种解释方法用于对某

---

① 自H.莎菲（1930）以来，这被称为人体的"概念图像"。在埃及的所有绘画或浮雕中，几乎看不到人脸有正面表现或四分之三侧面的表现方式。例外只见于低等人（战争中的囚犯和女性舞蹈者）的人像。

个第三项的发现。所以，不难理解的是，就像《词与物》所表明的那样，18世纪在自然史、语法和政治经济学中也反复出现着同一种话语。这和Zeitgeist（时代精神）及斯宾格勒没什么关系。这里我们所看到的时代中的精神（l'esprit de l'époque）无非是一种时常发生的相似性的接触传染。最近，我们就已经注意到这类接触传染也促发了"语言学转向"的时兴。

请允许我在这里暂岔开话头做一插叙，既然我自断了后路，提到了他的名字，那就得说说这个人，他是一个不知道自己是结构主义者的结构主义者，他的名字也很少有人提及，他就是海因里希·沃尔夫林。有一天晚上我向我的那位已经产生了兴趣的学生建议说："你该读读沃尔夫林，他是艺术史里的福柯。"因为沃尔夫林也发现了一种新的科学对象，它在艺术作品中无所不在又显而易见，但却总是被视而不见；这个对象并非风格或表现的特征，而是造型语言的"特征"，它们共属于一个时代，也共属于时代里的全部"对话者"。在艺术作品与艺术家的意向及表现之间，存在着一个第三项，那就是"时代的普遍造型形式"，这种普遍形式"在每个具体作品的背后"[1]都可以被发现。从公元前

---

① 沃尔夫林：《关于艺术史的思考》[H. Wölfflin, *Reflexions sur l'histoire de l'art,* trad. Rochlitz, Flammarion, 1982（1997）]，第43—44页。

7世纪到5世纪的希腊花瓶上所绘的人像造型的连续变化、希腊-罗马的雕塑到中世纪雕塑的人像变化，意大利文艺复兴到巴洛克时期的人像变化，都是这种普遍形式的流变：人类身体的新图像，经历了从封闭形式向开放形式的过渡，从线状形式向图画形式的转化，等等。沃尔夫林《艺术史基本概念》和《文艺复兴与巴洛克》的令人目不暇接的分析对造型语言的种种特征进行了说明。

沃尔夫林描述了"形式的一种特殊演进方式"[1]。我们必须在"作为表现史的艺术与作为形式内在历史的艺术"之间作出区分。"将形式的不断变化与周围世界的变化相联系的做法，在艺术作品面貌的解释方面虽然做出过功绩，艺术家的个人品格以及时代的社会与心理结构虽然是应予考虑的，但我们千万不能忘记，形式的创造性想象力有它自己的生命和发展轨迹"。所以"我们不能千篇一律地从表现的角度去解释所有事情；艺术史并不纯然只等同于文明史"。沃尔夫林几乎是用了与福柯一样的词语这样写道："没有放之于任何时代都可能的事物。"[2]沃尔夫林受到指责，被认为"取消了

---

[1] 沃尔夫林：《关于艺术史的思考》，第43—44页，以下涉及该书的内容见第29、35、79、198等页。

[2] 《艺术史原理》（*Principes fondamentaux de l'histoire de l'art*, trad. Raymond, 1929），第215页。

主体和人",把艺术史化约成了一个无人称的过程——"无专属名的历史"①。福柯也面临同样的指控,连措辞都一模一样。

是的,福柯对人之为主体深信不疑

但就其学说而言,福柯从没有勾销专名。"我从不否认——绝不是那样——改变'话语'的可能性:我只是剥夺了主体主权者的独享的和自动生效的权利"②。主体绝非是主权的,而是自由的,这自由的主体是在一个被福柯称为"主体化"的过程中被建构起来的:主体并非"自然的",在每个时代,他都被时代的"话语"及装置、被他的个体自由的反作用、被他承担的一切"审美化"(esthétisations,我将稍后对此详谈)所塑型。

福柯说过,主体问题在16世纪比阶级斗争在19世纪要血腥得多。吕西安·斐伏尔认为——福柯指出——宗教战争中的关键在于清教徒是否能将自己建构成为无须通过教会、神父和忏悔等中介而直接与上帝交流的宗教主体。大约在1980

---

① 《关于艺术史的思考》,第43—44页。
② 《知识考古学》,第272页,以及*DE*, I, 788。

年左右——我们已经提到过——福柯发现了他自己的难题性（problématique）中的那个第三方①。"真知识"和"权力"通过人的主体建构——他必须被建构得在伦理上以某种具体方式去行动，既要成为一个忠诚的从属者，也要成为一个公民，等等——被连接起来。

主体的建构总是伴随着他的行动的建构：他必须把自己视为一个忠诚的从属者、一个忠诚的臣民或好公民，并如此行动。装置不仅建构自身的对象（疯狂、肉体、性、自然科学、治理术，等等），而且也把每个个体自我建构为一个具体主体。物理学建构了物理学家。如果没有"话语"，也就没有了能为我们所知的对象，同样，如果没有"主体化"过程，也就不存在人的主体。主体总是内嵌在他时代的装置之中，因而并非主权者，而是他时代的儿子。人不可能成为超越一切时间的主体。从另一方面来说，人可以借由思想而反作用于对象，人可以抽身后退，获得观照这些对象——比如，观照由教会和教团建构的宗教——的视角。

所以，人从未停止过"把自身建构为无限而多样的一系列不同主体性，这个建构过程永不会完结"，我们也不可能

---

① 福柯多次谈到过这一点，比如，可参看 DE, IV, 393。1970年的时候，这个难题仅仅以某种含混的方式被捕捉到。

"我们永远无法面对面地直击人之所是[……]这就是我曾以含混而简化的方式①谈及人之死时所要表达的意思"②。主体化的观念有助于消除形而上学，也有助于消除经验-先验的偶合物——这种偶合物总是把被建构的主体歪曲为一种怪想式的主权主体。

社会学家们以自身独特的方式得出了相同的学说：所有个体都是社会化的。福柯认为，主体化在社会中所占据的位置，正与布尔迪厄的"习性"（habitus）概念相同：二者都起着在社会领域与个体之间建立联系的作用；也与社会学中的"角色"概念相同，我们在这里稍作停留，对此做进一步的探讨。1940年前后，K.林顿和K.默顿使用"角色"这个词来描述社会中为个体连续不断占据的位置等级，这些位置各有地位、权利与义务与之相对应。这种思想在社会学中的有效性不可否认，但是两位社会学家对"角色"一词的使用也是颇具症状性的，正如有人批评的那样，他们对该词的用法似乎暗示了个体与其位置仅有松散关联，仿佛那些个体只是在他们所不认同的社会戏剧中走过场。然而这个词毕竟是具有启发性的，因为它勾勒出了这样一种趋势，即主体、自我

---

① 那就是《词与物》非常著名的最后一句话。
② *DE*，IV，75。

总倾向于与其内容相分离，总倾向于转化为一种空洞形式，从而随时可以被建构为经验主体的先验对偶。

　　在我看来，我们应该在两个不同的过程之间做出区分：一方面是作为一种社会化的主体化，另一方面就是"审美化"（esthétisation），福柯所使用的这个提法指的不是对主体的建构，也不是什么吟风弄月的审美主义，而是"自我对自我进行改造"①的一种能动性创新过程。大约在1980年前后，福柯意识到，除了运用于事物的技术以及针对他人的技术之外，某些社会，比如希腊罗马的古代社会，还实践着针对自我的技术②。他之所以使用"审美化"一词，就是因为（我猜想）他发现这样可以使他便于强调这种能动创新过程的自发性，而这种自发性恰恰是与主体化完全不同的。这种自我关注的理论启发了很多人，他们认为福柯为我们给出了一种属于我们时代的道德。当然，一旦涉及道德，很多人就竖起了耳朵，仔细留意随时准备挑刺儿。但是这真的是福柯的原意吗？福柯在扮演道德导师的角色吗？我们把这个问题留到后面来谈。现在我们还是紧扣最直接的问题。

　　与反抗或服从相同，审美化是自由的发明。不同的人的

---

① *DE*, IV, 535："我用审美化一词来指对自我的改造。"
② *DE*, IV, 171, 213, 576, 706, 729, 731, 尤其是785页。

类型、生活方式——比如斯多葛主义、修道院隐修生活、清教主义和军事生活，等等，我认为都是不同形式的审美化。它们不同于环境的装置和对象化过程，并非强制性的。或至少它们是对象化过程的"补充"；所以，我们可以把审美化视为实际上不具强制性的个体的发明或选择。

帕斯夸里·帕斯奎诺和沃尔夫冈·艾斯巴赫已经相当合理地将福柯的审美化观点同追随尼采的马克斯·韦伯所说的伦理联系了起来①。不过，韦伯使用的伦理一词既涉及自由的审美化，也涉及强制的主体化。其著名的有关资本主义起源的文本的主旨并非要强调不是经济影响宗教而是宗教影响经济，其真正的主旨在于，揭示勤勉的清教徒伦理、商业中的节俭、禁欲和诚实都是植根于我们所说的那个诱因——加尔文主义——的发明。随后，这种伦理、这种个人风格在商业世界中普及开来，其形式也被简化为一种不再克制的"目的理性"。它于

---

① 帕斯奎诺：《世界主体与求知意志》（P. Pasquino, *'Moderne Subjekt und der Wille zum Wissen'*），载《联系：沿着福柯的道路的尝试》（*Anschlüsse: Versuche nach Michel Foucault*, ed. G. Dane, Tubingen, 1985）第39页；艾斯巴赫：《涂尔干、韦伯、福柯：宗教、伦理与生活方式》（W. Essbach, *'Durkheim, Weber, Foucault: Religion, Ethos und Lebensführung'*），载《韦伯的清教伦理与现代精神》（*Ethique protestante de Max Weber et l'esprit de la modernite, Max Webers protestantische Ethik und der Geist der Moderne*, Maison des Sciences de Homme, 1997），第261页。

是不再是自我满足的，而变成了一种对财富和利润（profit）的追逐和对商业成功的追求——财富、利润和商业成功成为得到上帝拣选的标志。在《梵蒂冈的地窖》中，纪德就给他的主人公之一——一个清教徒商人——起名为普罗菲坦迪欧（Profitendieu）。

审美化，这种有自身用途的独特生活方式，于是也变成了作为"资本主义"（或企业经济，就像熊彼得所说的那样）的一种相关项之主体化过程，在这一过程中，两个现实最终相互依存，相互纠缠。这两个现实以新经济的当事人为其一方，它的另一方则是清教伦理所促生——以无意的方式，甚至是以完全非自愿[①]的方式促生——的"资本主义"经济。在这儿有必要看一看韦伯本人所使用的原话："Der Puritaner wollte Berufsmensch sein, –wir müssen es sein"——"清教徒力图做一个有志于专长的人（这是审美化过程）——我们不得不这样（这是企业经济所涉及并要求的主体化过程），这就是我们的ständige Lebensführung（内在生活方式）。"[②] 还应

---

① 韦伯：《宗教社会学文集》（*Gesammelte Aufsdtze zur Relionssoziologie, Tubingen, Mohr, 1920；1963*）第一卷，第424页："与人的意愿完全相反。"
② 韦伯：《宗教社会学文集》第一卷，第203和408页；也见第485页（在这页，"生活方式"作"伦理"）。

该补充说一下，主体即便是通过运用于自身的某种实践进行着自由、主动的审美化，他也仍旧是他时代的儿子：因为这些实践并非"是个体本人所独创；它们是他在其文化中"——比如说，在加尔文教中——"找到的一些手段"①。

福柯虽然是塞内加的伟大读者，但我们不能把希腊人所热衷的斯多葛主义审美化的普及之类的规划归因于福柯。在最后的几个月里，福柯支撑病体接受了最后一次访谈，在这次访谈中，他明确说我们不能把别的时代里针对其自身问题的答案当作现时代难题的解决办法。在千百年时间当中，难题不可能一成不变。永恒轮回总是永恒地出发（福柯喜欢勒内·夏尔的这个说法）。福柯与古代道德之间的亲和性的基础在于一个独异的细节，即自我技术的操作或自我"风格"的操作。这里的"风格"并不意味着特立独行或放浪形骸。"风格"具有该词对希腊人而言的那种意义——在希腊人看来，一个艺术家首先应该是一名能工巧匠。生存风格的概念，以及自我技术的概念，在这场对话中，而且也是在福柯本人已经明知命不久长的最后几个月的内心生活中，起着非常关键的作用。人类之为主体，就在于能将自己雕琢为一件作品，为自己赋予一种不再取决于上帝或传统或理性的

---

① *DE*, IV, 719。

道德。

　　有关主体化和审美化的这种理论清晰地透露出福柯本人的规划，此规划即对这样一个目标进行"难题化"：探究具体时代中人类是如何被构想的（这是他所说的考古学的任务），对构想着人的方式起决定作用的种种社会实践——科学的、伦理的、惩罚的和医学的等等实践——进行分析（此即谱系学——尼采意义上的谱系学——的任务）和描述①。他的考古学并不是要析出一个普遍结构或先验之物，而是要原原本本地将每件事情视为不可被普遍概念化的事件。他的谱系学力图将每件事情回溯至其本来的经验性发生：使我们成为我们之已是和所是的，从来都是偶然。"事物并非从来存在；换言之，它从来都是机遇、偶然巧合的结果，从来都处在变幻不定的历史过程中，也正是这历史过程让事物在我们眼前变得清晰可见"②。

一个超越论的和先验的难题：胡塞尔

　　现在我们已经抵达了难题的核心。福柯谱系学批判的任

---

① 《快感的享用》，第17—18页。
② *DE*, IV, 449。

务是探究事物是如何经验地生成的,而不是探索它们的起源和基础[1]。这项任务着手于"把思想史从其对超越论的依附中解放出来"[2]。超越历史的胡塞尔式主体能否有助于说明理性的历史性呢?在尼采的读者看来,主体、理性,甚至真理——所有这些都有自己的历史,但却并非起源的作用结果[3]。

我们的这位作者认为,他年轻时代的哲学早已表明,经验的、历史的人才是"他自身目的"的基础。就如我们已经看到的那样,"话语"的实证性无不受具体时代的限制和包覆,这使得人只能是一种有限的存在者,被他的历史时代所限定。形而上学的迷误在于确信目的先于历史性,在于相信前者使后者成为可能。这样一来,本应是人的经验条件之内在特征的目的性,反倒被说成是超越论可能性的条件。遂"在奠基之物中"造成了"实证性东西的复归",造成了一种"历史的-先验的偶合物",而这种"偶合物"又可以被用来安顿人类的某种元经验起源或本真性本质:也正是在这一思路中,读者终将碰到先验自我、洞见真理的海德格尔式自由、胡塞尔式的几何学起源……

---

[1] *DE*, IV, 574。
[2] 《知识考古学》,第264页。
[3] *DE*, IV, 436。

在福柯看来，只要你敢于不为尊者讳，就会发现，这些幻觉式的学说都是纯粹的"同义反复"，都是某种反射式分析所产生的"逻辑倒错"①。它们给出的可能性条件太过普遍，它们捕获到的只是猎物的影子，而让猎物逃遁；福柯，作为一个好的实证主义者，搜寻的却是现实的具体条件，或者说，是"话语"及其相关装置的具体条件。存在着的无非是经验和历史之物，或者说，无论怎么说，都没有什么能担保我们断言超越论的事物或先验事物的存在②。在福柯还是年轻哲学家的时候，他就着手"把思想史从其对超越论的依

---

① 《知识考古学》，第265页；DE，I，774—775。有人批评说这种历史批判是一种无视先验维度或元经验起源（《知识考古学》第267页）的实证论，为了反驳这种批评，福柯批判了"历史-先验偶合物"（《知识考古学》第159页）、"同义反复"（《知识考古学》第206页、DE，I，675）或"逻辑倒错"（DE，I，452），它们都试图借助"基础中复现的某种实证表现"（《词与物》第326页），把"经济的人""科学的人""语言的人"，等等理解为"人自身目的的基础"（《词与物》第352页）。那些历史中的、在时代中受到限定的种种实证表现，确保了人是一种目的性存在；同时这个目的也被认为使历史成为可能，仿佛是历史可能性的先验条件似的。

② 我还是要建议读者去参阅《词与物》第二部分。有关作为胡塞尔批评者的福柯，可参看勒布伦（G. Lebrun）的研究，见《哲学家米歇尔·福柯：国际会议》第33—53页。本文后面的内容，参见勒南《道德与批评文集》（Renan, *Essais de morale et de critique*）第82—83页，重印于定版《全集》卷二（*OEuvres complètes*, édition définitive, Calmann Lévy, 1948, vol. II），第73—74页。

附中解放出来"①了。为了这么做，他与起源论的同行们分道扬镳，并且——正如帕塞隆所说——为了保持对他所钟爱的独异性的忠诚而与所有哲学父亲断绝了关系：他成了哲学孤儿。

这个年轻的孤儿，不想"像人们在现象学或存在主义中所做的那样"从某种主体理论开始；也不想以这种理论为基础，去猜想"比如说吧，某种特殊的知识形式是如何可能的"。相反，福柯想要做的，是去证明主体是如何"在大量作为真理游戏的实践——权力实践，等等——之中"被建构起来的②。福柯承认人具有能动性，但从来不认为人的能动性全赖于内在于人的逻各斯，或者说，从来不认为人的能动性可以通向历史的目的/目标或纯粹真理。物理学家的发现不是受到科学目的论感召的结果③；希腊和日耳曼词汇的语言学和词源学也并非存在的真理的库藏；拿破仑绝不是马背上的绝对精神；一场反叛的起因不可能是自我迫切地要求

---

① 《知识考古学》，第264页。
② *DE*, IV, 718。
③ 《知识考古学》，第262页。

祛除异化，不可能是自我的天然本质的爆发①。超越论的东西，甚至康德意义上先验的东西，都是不存在的。也不存在唾手可得的末世论——无论是在马克思的革命年代，还是在奥古斯特·孔德的实证时代里②。因此之故，"自由的任务是不确定的"③。主体并非全然被"圈定"在存在之中④。正如读者已经看到的那样，个体具有某种自由，但是，这不能事先决定一切；它是一种"具体自由"⑤，是根据当时当地

---

① *DE*，IV，74。所有人都积极或消极地、程度不等地被嵌入权力关系之中，也就是说，所有人都可以接受它和反抗它（*DE*，IV，93）；但是，这种反抗不是被压抑者的复归的那种反抗，不是其返回原初自由或返回人之不再异化的真实本性的那种反抗（IV，74以及710）。我们对界线的侵越本身是受到限制的；此外，我们不可能在反抗中调用一种总体知识，甚至也不可能完全而确定地知道我们的界线何在。
② 《词与物》，第331页。
③ *DE*，IV，574。
④ 我不相信有福柯可以在其中或许能重新发现（大写）主体的"褶子"（pli）：德勒兹，这位高尚之士和原创性思想家，则是在这个思路中说话的——当德勒兹这样说的时候，他并不是作为一个伟大的哲学史家，而是一位个人思想者，他在其他思想家的影子之中幻想着自己思想（正如他承认的那样，他乐意这么做）并将那些思想归之于后者。见*DE*，IV，445。
⑤ 参看*DE*，IV，449：福柯为判断"具体自由"给出了这样的建议：沿着今日已不再坚固的事物的线索，才能探知在今天不复像往日存在的事物的位置和程度，因为事实上的裂隙打开了"一个自由空间，它应被理解为一个具体的自由空间，也就是说，它是对'话语'进行可能的改造的具体空间"。

的语境做出回应的自由。一劳永逸地遍览我们所处历史境遇的全部而确定的知识——这种希望，是我们必须要放弃的。

放弃的要求是这样一种思想方式的结果，它自1860年代以来已经为人们所熟悉，那时我们的现代性已然发轫，它混合着一种历史感、对东方的感性发现以及基督教的批判史学，所有这些都直接指向了我们有关我们自我的观念。可以肯定，我们已经承认了真理是变化的，尽管是以几何学方式变化：比利牛斯山或哈吕斯河这边有真理，而那边则是谬误。规则和规范的多样性是一个古老的论点，怀疑论就建立在它的基础之上。塞克斯都·恩披里柯又补充地提出了信仰与哲学这两个被他对立起来的事物之间全部差异的多样性。自蒙田以来，这个论点也已经广为人知。此外，也正是从19世纪60年代以降，过去——远非博叙埃《论普遍历史》纲要式框架所能涵盖的过去——也成为我们共同知识的一个巨大组成部分。1931年，当时通过了哲学学衔考试的阿尔贝尔·蒂博代就曾做出过这样的预言，他写道：

> 批判的史学家的心灵应是不偏不倚的，只有这样才能探究真理，而且这种心灵之所以能够有所收获，就在于它不似批判哲学家的心灵那样伸向远方，而是总是给

自己提出这样一个问题："何为真理？"[1]

显而易见，这个问题绝不是新问题，它的提出已经有约百年的时间，但在我们看来，还是那么熟悉。今日主流的学说（马克思主义、现象学、各种意识哲学）的关切却全然不同，它们关心的是：何为绝对。可是，在福柯的"话语"——或许可以说，特别是他的"装置"——的相关提法出现之后，"何为真理"的问题又变得如此迫切：所谓的"社会"正是通过这些装置，在具体的时间和地点中，对真理讲述和谬误讲述进行着判定的[2]。总而言之，福柯的全部工作都是尼采《道德的谱系》的延续，它力图证明据信是永恒的那些概念实则都有着自己的历史；它们都是"生成"的结果，而它们的起源绝不是玄而又玄的。就此而言，福柯是否不该被称作怀疑论者呢？尼采在他的私人笔记本中的某处确乎表达过一个希望，希望有追随者能继其踵武而前行[3]。

---

[1] 蒂博代：《文学思想录》（A. Thibaudet, *Réflexions sur la littérature*, éd. Compagnon et Pradeau, coll. Quarto, Gallimard, 2007），第1416页。
[2] 参看马勒伯朗士《真理之探求》第二卷，第三部分第五章："正是因为我们所有人都一致，我们才根据舆论生活。"
[3] 尼采：《哲学著作全集 第十一卷》，第198页，即《尼采笔记本》第七卷1.34[147]。

福柯败坏了青年？他对比扬古绝望？

在许多有着各自理由拒不成为尼采主义者的人的思想（20世纪90年代，这些思想也使结构主义遭遇了它的艰难时刻）中，福柯的世界观是谬误而招人反感的。有些人害怕超越论事物的终结是虚无主义者的一种侵蚀，败坏着年青一代。因而，在大大小小的哲学群落中，出现了颇具典型的两个敌对阵营：一个阵营的组成者，在思想领域里，专门喜欢摆明那些并非说教式的真理；而另一个阵营中的人却只图捍卫既有生活，他们之所以如此，既是因为他们真的担心生活受到威胁，又是出于他们所谓的义愤。某一天，后一阵营中的某个人准备要长篇大论地对他的同事、也是前一阵营中的成员福柯做一番说教，福柯却回敬给他一个词flic（法语俗词"警察"），扭身就走。福柯选择了这个尖利的单音节词，欢乐地从牙缝中说出，听上去就好像来自名人隽语一般，它的声响回荡在法

---

* 本节标题中的"比扬古"是法国雷诺汽车厂所在地，自19世纪末以来，在法国，雷诺已经成为资本主义的象征，也是法国工人运动的策源地，此处以"比扬古"借指"工人运动"。

兰西学院的墙壁之间——这个词以前可从没有在这里被人听到过。

有什么威胁吗？正面探讨这种反感是没有意义的，但我还是想说人们毫无根据地感到了不快。我们有关何为真、何为善、何为道德的观点都没有任何理据，但却不妨碍我们规范地生活，甚至不妨碍我们对规范性、善和真理的信仰。哲学没有让人绝望的那种能力。我们都知道，晚年的尼采——那时他已经成了一位先知——是那么强烈地反感虚无主义，反感对"价值和意义的那种拒绝"（此种拒绝或虚无主义与他本人的精英式自然主义完全不同）[1]，也是那么强烈地反感毒杀一切的真理

---

[1] 反讽的是，尼采擅长解释他人所持的价值与目的，却未曾注意到自己的武断性质，他的这种武断性质鼓励"自然"（在别的地方他也使用"生物学"一词）"制造一种超人类型的造化之功"（《哲学著作全集》，卷十二，第325页；卷十三，第19、55页等处）。这位伟大的怀疑者，从未怀疑过"人类命运取决于他们最高的这个类型的成功"（卷十，第192页），也从未怀疑过在他人随历史方向随波逐流的同时，他也必须要投入自然进化和权力意志之中。他常常讥刺平等主义和慈悲心肠，称之为"人类对其基本根性的偏离"（卷十三，第277和336页）。他把自己的哲学革命视为先知，将"带领人类走向辉煌，通向他们最高程度的权力"（卷十二，第224页）；将使"众多超人的来临"成为可能，他们注定是"其他人类的主人"（卷十，第314页），尽管他们甚至还不屑做他们的主人（卷十三，第86页）：他们将是"地球的主人，一个新的统治的种姓"，在整个种姓之中，随着时间的推移，必将出现一个超人（卷十一，第270页）。他甚至随时准备"牺牲人类的发展"，将人类限制在奴隶制之中，"能够让一个优越于人的人种存在"（卷十二，第274页）。人们可能会

的主体①。但毕竟该给萨科齐或奥朗德投票的时候，怀疑论者该投就投丝毫不会犹豫，也没有人会死去。尼采如此激昂地赞颂生活，把生活中一切变化都当作纯洁无瑕的事件加以热情礼赞，并建议无条件地接受生活的一切，即便是暴行和悲剧——当他这么做的时候，他是在给想象中的沉疴下猛药。他对虚无主义的这些激烈言辞，与其说来自现实需要，不如说来自雄辩修辞的需要。

唯一有理由忧心的人应该是那些过分看重自己所讲授的东西的教授们，以及以戏谑为乐的讽刺小品作家们。加斯东·巴什拉尔说过，你在其中思考的世界并不是你在其中生活的世界。信奉超越论事物时代的终结，对自我封闭的精神来说是一个事件，却绝不是灾难。倘若人是只受理性这个基

反驳说："既然权力意志将统治一切，它靠自己就能胜任这项任务，而无须我们介入，则吾人又何须间焉？"同样地，你能给万有引力增加什么呢？那样做有什么意义呢？应该立即补充说明：尼采所想并不是德国人，对德国人，他只有蔑视。（卷十一，第444页。他更倾向于犹太人和斯拉夫人）；这种蔑视仅次于他对"反犹匪类"的蔑视（卷十一，第225、228页，卷十二，310页；卷十三，第65、73页，等处，《超善恶》第251节）和对"种族欺诈"的蔑视（卷十二，第205页）；因为，种族混血对他的伟大的先知式的希望来说更为有利。（卷十二，第55页）

① 尼采：《超善恶》第39节："某些东西也许是真的：在最高级的刻度那里，它同样是有害和危险的，的确，其本身很可能归属于生命的基本特性，人们由于达到认识圆满而走向毁灭。"

础支配的纯粹精神存在[1]，比方说吧，在宗教支配之下服从君主的臣民，或在意识形态支配之下服从国家的公民，这事件可能倒是一场毁灭性的灾难。

所以，我可以说福柯并非某些人物（绝非一般的小人物）所断言的恶魔[2]。他们认为福柯的怀疑论侵蚀了善与道德，福柯唯一的目标就是毁掉道德和规范。但全不是这么回事：他所做的只不过是给既有秩序提出一点细节上的改革（比如取消死刑），他既没有兜售过无政府主义，也没有鼓吹过荒淫放荡。但我们也能看到是什么造成了这些误解。根

---

[1] 我们不能对"人"这个概念太过图式化的理解。人不仅喜爱生活在他所珍视和相信的梦中，还总是为自己的正当性寻找论据。宗教理念或文明理念的信仰为人提供了某种柏拉图主义的满足，从这个意义上说，梦是必要的。然而人所信仰的道德与人实际践履的道德之间是不同的。因为——不伪善地说——两种道德有很大的不同；但这种不同甚至不为人所察觉。西美尔在某个地方评论说基督教在历史上第一次为民众提供了一种完整的存在感。也许是吧。但这又在多大程度上影响了人的行为举止呢？基督教教义在日常方面完全塑型了欧洲社会，以至于可以被算作是欧洲社会之根吗？比如说，这些欧洲社会最终改变了人们"面对死亡时的态度"了吗？正如已经被指出过的那样，我们在其中思考的世界并不等于我们生活于其中的世界。

[2] 哲学家儒勒·于伊曼（Jules Vuillemin）与福柯关系密切，建议并支持福柯入选法兰西学院，但在1984年福柯葬礼上的致辞中表达了这样的看法：这位逝者的哲学立足于对我们所信仰的事物的否定，也就是说对真理、规范和道德的否定。

据最为普及的信仰，只有是被我们认为真的价值，才是最值得尊重的价值；人只应遵从他们信以为真的事物。但是，并不是所有人都有这种信仰的：一个哲学心灵，如果它是怀疑论的哲学心灵的话，就可能完全抛开这种真理依据的幻觉，但却不至于在现实中去杀人放火打家劫舍，甚至不会去传授杀人放火打家劫舍之道。要这么做，除非哲学家知行合一……

休谟正确地指出过，怀疑主义并不阻止我们在日常生活中正常行走，实际上也阻止不了：我们还是要继续下棋游戏、热衷交际，确信太阳明天照常升起，因为自然的力量是至大的。只有深信爱无非是两张皮在一起摩擦（这是马可·奥勒利乌斯的说法，他的原话甚至更为粗鄙）之类观点的斯多葛主义者才会成为他自己力比多的主人。我想，即便在我们对阅读的选择过程中，自然力量也是会起主导作用的。在读哲学家的著作时，我们会因为作者们的有趣和睿智而将我们对他们的不信悬搁起来（正如读者们能记起来的那样，圣奥古斯丁就是这样的哲学家之一）。某天晚上，福柯对我说，"果鲁特里程碑式的著作使人再不愿去阅读费希特，但在费希特那里毕竟还是能找到一些有意思的东西的"。做一名怀疑论者，并不是要求你不再是一个活生生的人，按照胡塞尔本人的观点来说，人的根本本能就是集群性、自我保存以及好奇心①。

　　相比于形而上学意义上的人，人类更为日常（这不是一个我曾宣告为无意义的那种普遍人类学命题，绝不是，相反，这是一个常理，或者说准常理）。做一名怀疑论者就得有一个分裂的心灵，但这并不意味着他与好的生活无缘，而是意味着他只需在纸上冒险。他可以不借助任何幻觉，并对此义无反顾，就像我们的这位英雄一样。未来世界会怎么想我们，于我们又有何益呢？我们的时间性全在当下性的现实

---

①　A.迪迈尔：《埃德蒙德·胡塞尔：现象学系统表述的尝试》（A. Diemer, *Edmund Husserl, Versuch einer systematischen Darstellung der Phanomenologie*, Meisenheim, 1965），第101页。一切有趣的事物，一切好奇的对象都构成了某种被人熟视无睹的动机所在。它是一种既特殊又与其他因素一样重要的动机。不能把它与其他动机相混淆，它在历史中一直起着重要的作用（罗马平民对马戏如此热衷，根据朱维内尔的考证，是因为这种游戏可以让他们忘记更高级的政治事务）。哲学、马戏表演、足球和一般意义上的文化，都源于有趣（音乐和诗歌带来的快感另当别论，但从另一个角度来说，它们也是有趣的）。当然可以在足球的乐趣与橄榄球的乐趣之间做细致入微的区分，但它们之所以有趣的具体原因是相同的。足球有趣，而且还能带来灵感，受人尊敬，高扬精神，以至于可以激起政治激情，宗教虽然也可以做到这一点，但仍然是宗教，不可混同。不能说战争或爱情是有趣的，也不能说赚钱和统治人民是有趣的；因为这些事情涉及另一激情。也不能说参加"弥撒"是"有趣的"。游戏似乎与以上种种都不同。足球健将的情感不同于看台上观众的情感，就像小说家的情感不同于其读者所感受到的情感一样。拓荒、对危险的兴趣、"让自己走出户外"——航海，或登山——的希望，也都与游戏有别。一切有趣事物中的特殊性都是它们自身所特有的。

性（actualité）。想想我们的学生：他们钻研柏拉图，但更倾向于对在世的哲学家、我们时代里的哲学家抱有更大热情。再看看艺术家：他们在同一时刻做着同一件事情，即都在捕捉当下即刻发生的一切。

不无益处的是指出这种当下现实性的中枢性作用，这种作用在人类时间性中至关重要，比过去和未来所起的作用还要重要（尽管海德格尔、伽达默尔和萨特或许都不同意这一点）——这种中枢作用直接影响着道德。我们可以想一想奴隶制或殖民统治的终结[①]。先是在19世纪50年代，继而是在20世纪50年代，鱼缸都发生了变化。旧鱼缸，及其有关奴隶制和殖民统治的"话语"，在当代装置中显得圆凿方枘、卯不对榫，分别像油灯或帆船一样显得陈旧不堪；而同时，相当正确的是，奴隶制和殖民地在新鱼缸中是绝对不公正的东西。截至20世纪60年代，对阿尔及利亚的殖民，无论是在戴高乐看来，还是在雷蒙·阿隆看来，都成了明日黄花和乌托邦式的怪想。（"殖民地"，及其"土著"！这些词也都成了陈迹）在左派看

[①] 我们会经常看到，当一个时代里的恶行（奴隶制、殖民主义）行将消亡的时候或当受它们压迫的人们开始反抗的时候，对这些恶行的道德挞伐会成倍地出现。这不是因为这些挞伐者注定胜券在握，而是因为他们本能地意识到，这些恶行本身是令人难以忍受的，它们是野蛮的过去的残余，应受到历史的谴责，无益于"我们的时代"。

来，殖民统治实在是不可容忍的。而"话语"的这些变迁于是又造成了一种幻觉，让人错以为进步是由某种无时间的道德律令和伦理意识造成的。

人类能否成功"换缸"而不产生这种意识的神话或进步的神话之类的迷思呢？我不太清楚，但看上去不太可能，同样也不太可能拒绝宗教的好奇和哲学的好奇。尽管这个世界上存在过尼采和福柯，但人类还是倾向于祭起（大写）真理并将其所相信的断定为真理。"神话"这个词因多重意义而过度负荷，所以还是让我们使用"诱惑"这个词吧。加尔文主义就曾是"诱惑"着资本主义企业经济的诱因。福柯本人就曾经时不时地在不经意间使用这个词，这个词让他透露出审美化的最为重要的回馈（la gratuité）是什么：审美化并不是对需求做出的反应（毋宁说，它们产生着需要），并不以具体结果为目标。审美化表面上声称的追求目的——救赎、心灵的安顿、涅槃，等等——都是冠冕堂皇的理由。而审美化过程的动力事实上源于自由，源于自我的冲动，源于个体内心中那个神秘的"黑箱"，而不是来自什么冠冕堂皇的教条；这类教条只起着"诱惑"、合理化和训练场的作用。

1968年，当时任教于突尼斯大学的福柯见证并参加了一场所谓起源于马克思主义的学生运动。大罢课随后招致了警察镇压（福柯在此过程中被严重打伤）和大规模逮捕，有一个参加运动的青年后来被判了十四年徒刑。这个经历对福柯产生了深远的影响，后来他带着强烈的情感谈及此事时说，他从中发现了"一个证明，即还需要有神话，需要有某种精神"，它可以创造出"做出绝对牺牲的欲望、能量和可能性，而这是绝对不可能源自于任何自私欲或权力欲的"①。事实上，"这些突尼斯学生接受的马克思主义训练并不深厚，他们也不愿意对马克思主义有什么深入的了解"②。在学生们看来，马克思主义的具体理论及其科学性"完全是次要问题"，马克思主义"起的作用与其说是行为准则，不如说是一种诱惑"。诱惑构成了人为他想要做的事进行合理化论证的坏理由（但也许可以说是好理由，不是吗？）；一个老太太也可能谴责死刑，尽管她的一大堆理由是笨拙天真的，但毕竟，她这么做是对的，也自有她的道理③：在行动的实践领域里，福柯是非理性主义的，他支持个体自己为自己做出决定。

---

① *DE*, IV, 79。
② *DE*, IV, 79—80。
③ *DE*, IV, 756。

在政治中,敢想就要敢干,不要讨论

截至目前我们一直关注的是谱系学历史学家福柯,但事实上他还有战士的一面(这位战士的战斗日程绝不是那种传奇式六八年人的日程)。我们说过,在我们现代人的精神中,住着这样一位悲伤的历史学家,他面对着的是埋葬着死灭的确定性的坟场和不以任何人的意志为转移地向前继续的生活。但实际上,福柯以快刀斩乱麻的方式解决了这个矛盾。只要想想这样一条他自己为自己确定的规则就够了:"勿用思想为政治实践赋予真理的价值。"①

福柯的决断主义使他从不把自己的战斗行动建立在真理或理论之上。作为学者,他从不在课堂上或著作中宣传他的政治。他的政治选择也并不与他自己的著作或教学完全重合。但毕竟,他的谱系学历史学揭穿了所有制度的任意性和所有确定性的无理据性质,所以他的读者和听众们可以按照自己所需从他的著作和教学中汲取自己的行动理由去对抗既有秩序。福柯不无满意地对此加以默许。

前面所提到的第一条规则后面紧跟着第二条:"勿使政

---

① *DE*, III, 135。

治行动抹黑思想，仿佛它是纯粹思辨似的。"正如让-克洛德·帕塞隆解释的那样，福柯并不建议一个思想者做两面派，他只是主张要将两种不可通约的实践清晰地链接起来：科学分析或哲学分析可以推动政治行动①，所以是不能被小觑的②。帕塞隆——他曾和福柯走得很近——告诉我们说，"他说过他自己的政治反抗是发自内心的，这一点他不仅对朋友中最具理性的人毫无保留地公开过，就是对福柯的专业建树大加攻击、在哲学探讨中强烈反感福柯的那些人，福柯也是直言不讳的"。

"在这里，批判应被理解为对历史条件——真理、规则和自我赖以形成的历史条件——的分析"③。福柯主义即对当下现实性的批判，这种批判审慎地避免开出行动方案，而只是形成某种程度上的理解力。因而在他去世的那一年，福柯提出了一种新的哲学观——他承认这一新哲学观源自康德（虽然他对此已经有了十五年的思考，这在《知识考古学》

---

① 帕塞隆：《一位社会学家的历程：网路、岔道与相遇》。（J.-C. Passeron, *Itinéraire d'un sociologue : trames, bifurcations, rencontres*, La Découverte, 2008）
② 约在1982年，反倒是政治家，尤其是社会主义的政治家，常常小看思想（其言下之意是：包括他本人在内的思想家们本该比保守派更应被归为左派的）。
③ *DE*, IV, 580。

中一处一带而过的细节那里已经有所反映①）。在一篇题为"何为启蒙"的篇幅不长的文本中，那位启蒙时代的德国哲学家尝试勾勒出自己所处时代的特征。在文中，Aufklärung回到了它自身的启蒙本意；这个具体世纪——18世纪——里的人们可以这样来描述他们自己："我们是18世纪的人，启蒙时代的人"，他们能够感觉到自己和先辈们的差异。康德并没有勾勒出他时代本身的特征，而毋宁说是"找到了一种差异：是什么造成了今昔差异"？②

在福柯看来，从今往后对哲学的理解也应该作如是观——哲学应该着眼当下，不是去对过去做科学的注解，也不是去构想总体性或臆想未来，而就是要描述当下现实性，即便退一步来说，哲学也应该是以否定的方式去勾勒当下现实性，并"对当前做出诊断，说明何谓当代，并解释我们的当代特殊在什么地方，为何绝对不同于其他任何事物"③。于是福柯唯一能够构想的哲学只能是一种历史批判。除此，

---

① 《知识考古学》第171—172页：福柯在想到我们自己的那些"前见"——我们对它们没有意识，但又绕不过去——的时候，迟疑地说：考古学因而必须以研究最遥远的过去为要务吗？它能须臾舍弃对它自身的认识吗，它因而要坚持去研究最近的过去，以便能借助离我们最近的过去与我们的差异来界定我们自身吗？

② *DE*, IV, 564和680—681页；以及III, 783。

③ 以上均见*DE*, I, 665及IV, 568；参见I, 580及613; III, 266。

再无对我们这个时代有益的哲学:"思想除了将批判运用于自身,哲学——我指的是哲学行动——在今天还能做什么?"①

我们已经知道,在任何时代里我们都是以不自知的方式在"话语"之中思维着的,但这至少也使我们能察知在思维方式上我们是与过去人不同的。更为有利的是,我们因而只需专注于谱系学和考古学的工作,只有这样才能获得这样一种可能,即退后一步以获得观察我们自身和我们时代的更佳的视角②。这项任务在我们脚下劈开了一道裂缝:我们所知道的一切就是"我们是独特的"③。专注于探寻差异的这项工作已超过了历史学;它可以担得起哲学之名,因为——从消极方面说——它是我们对我们自身的一种思考,而且也因为它可以激发我们去做出回应。实际上,考古学的历史学撒下了质疑的种子;"我们的自我和我们自以为认识了的事物"全部都裂开了一道缝隙,或者说都带上了"看不见的裂缝"④:别去触碰,它们会粉碎的。要么干脆勇敢向前:只要你愿意,就去触碰它们——这种新哲学即"一种为政治所

---

① *DE*, IV, 543。
② *DE*, I, 710。
③ 《知识考古学》,第172页。
④ *DE*, IV, 449。

亟须的历史学"①。

这种新哲学通过词语在日常生活中推进着自由的实现：它使我们对装置②为我们创造的处境进行思索、做出回应，并积极地加以追问③。有关我们本人之所是的这种差异存在论，将构成我们所处领域范围的历史注释，也使我们有可能超越我们的领域界线④。对我们自己的历史进行思考的这种努力，会使人们超越他们"以默认方式自以为认识的事物，也使他们能以别种方式去思考，而不是像迄今一切旧式哲学所做的那样，去为人之所知进行合法化论证"⑤。有关合理性的谱系学比任何推理都更好地动摇了确定性和种种教条主义⑥。福柯希望"得出一些证据"以说明事物并非从来如此，也不可能从来如此，它们只是种种原因系列因缘际会的产物和瞬息变化的历史的产物⑦。哲学于是就是"对我们历史存在的永恒批判"，它将不断重启"自由那不确定的任

---

① *DE*，III，266。
② *DE*，IV，597。
③ 有关"难题化"的思想，参看*DE*，IV，612及670。
④ *DE*，IV，575及577。
⑤ 《快感的享用》，第15页。
⑥ *DE*，IV，160。另见IV，779："我的全部分析都与人类生活中存在着普遍必然性的观点相反。它们得出了制度的任意性质。"
⑦ *DE*，IV，30及449。

务"——这个任务是不通向任何目标/目的的历史性。

批判，没有比批判再积极有效的了。我们可以承认过去人类所取得的知识进展，我们也可以对我们的当代投去质疑，但我们毕竟掌握不了可以预言人的命运、把握人的散漫式发展的实证性人的科学。这也从一个侧面反映了人的真正存在，人是一种反复无常的动物，我们在它身上所能认识到的无非是它的历史，是一种没有任何总体性的否定性。这样的福柯，正是启蒙的遥远的后继者，是写下了《朝霞》或《快乐的知识》的伏尔泰式尼采的追随者；他将一道光投向了谬误、幻觉和诱惑，这道光强烈得足以把它们全部消灭。

但是作为一个思想者，他并没有走得更远；他没有将它们全部从自己的头脑中除去。作为一个人和一名战士，福柯不是一个结构主义者，正如他不是一名"六八年人"一样。他既不相信马克思，也不相信弗洛伊德；既不相信大革命，也不相信毛泽东。他在私下里对那些感觉良好的进步感报以嗤笑，而我也从未听他谈起过自己在第三世界、消费社会、资本主义或美帝国主义等重大问题上有什么立场态度。因为，还是出于同样的原因，人类有限性造成了灾难，直接使这位学者超离了任何立场倾向。在这些地方，出现了令我们意想不到的情况：福柯完全反对雷蒙·阿隆，而且两人中谁是激进的那一位，全然并非你所想的那样。阿隆不相信学者与政治人可以像马克斯·韦伯所认为的那样截然分开；他认为马克斯·韦伯过于唯名论了。确信必须将两种身份截然分开的做法是必不可少的，恰恰正是可被称为万塞纳的极端主义者①的福柯。

福柯说过，既然所有事物都是已被构成的，那么"它们都能被打开——如果你知道它们是如何被构成的话"。但是福柯老师给他的听众们讲述的这种谱系学描述并不——他强调说——具有"药方子的价值"②。任何人都可以通过他认为合适的方式使用这种描述。"知识分子的作用就是去对一切他认为是自证的东西提出挑战，就是去对他认为理所当然的东西提出质疑；这并不会构成对他人的政治意志，并不是要告诉他人该如何去做。谁又有这样要求的权利呢？"③"试图命令他人……是荒唐可笑的"④。每一年，在他的讲座课程开始的时候，福柯老师都会说这样的话："这，grosso modo（大体上），就是我所理解的事情的发生方式，但我绝不是要说：这就是诸位应该做的，或这是好的或不好

---

① 1968年10月，福柯从突尼斯回到巴黎，担任了位于巴黎郊区的万塞纳大学的哲学系主任，负责组建哲学系。故有此说。1970年，福柯离开万塞纳大学，进入法兰西学院。——译注
② *DE*, IV, 571, 574, 680。
③ *DE*, IV, 676。
④ 《快感的享用》，第15页。

的。"①

虽然谱系学家不可能告诉他人他们应欲求什么,但他毕竟可以"将人们的处境、他们的工作条件和他们所受剥削等不为他们所知的方面教授给他们"。这种真理游戏与剥削者的真理游戏针锋相对②。在有一次课程③的开始,他说出了一段话,大意如下:

> 我不会告诉诸位这是你必须加入的战斗,因为我看不到我有什么理由这么说,唯一可能的动机或许来自一种审美标准(换句话说,这种说法没有任何道理或可能的合理性,它只不过是我的愿望,而愿望之为愿望,就在于它与口味或色彩一样,是可以受到争论的)。从另一方面讲,我所能做的就是描述确切的权力"话语",我还将以同样的方式在诸位面前勾勒一幅策略"地图"。如果你希望去战斗并要在你所选择的战斗中坚持下去的话,那么你将通过这幅"地图"找到敌方抵抗最激烈的位置,并且找到该在何处撕开它们的突破口。

---

① *DE*, III, 634。
② *DE*, IV, 724。
③ 《安全、领土、人口》,第5页。

福柯与其听众的关系类似君主的教师与君主的关系。君主说："我欲求我人民的福祉。"这位明智的教师会说："如果这是您的决定，那么它们就是您必须予以采纳才能达成您目标的办法。"并非所有的政治反思都是不可能的；但如果目的之确立全属任意或是君主任性所选，那么反思也只能限于手段合理性的层面，而不会指向目的本身合理性之匮乏。这并不是因为事实判断（"这是种族主义"）不同于价值判断，（"做种族主义者是坏的"）而从"实然"中不可能推出"应然"；毋宁说是人类本性使然。

每个人都有责任认识并欲求他或她之所欲，都不能把这种责任贷之于法典或一切来自法典的东西——诸如自然、传统、权威、理念、用途、天赋、同情、绝对律令、历史方向，等等。福柯克制自己说出自己的意见，选择立场和介入是个人的选择，他不会为这些选择做论证，也不会将它们强加于人，因为没有任何理由证明这些选择是正确的。"我不会将我自己展现为一个普遍的斗士……如果说我确乎为了这样或那样的事业而战斗，之所以如此，是因为这个事业对我来说，对我的真正主体性来说，是重要的"[①]。他为了反对法国监狱的高度警戒区而采取了战斗行为，他认为这种制度

[①] *DE*, Ⅳ, 667。

是不可容忍的；而"当一个事情是不可容忍的时候，你就无须再忍"——在以哲学方式评论他本人的政治"脾性"（这是帕塞隆的说法）的时候，他得出了这样的结论。然而，在万塞纳，有很多人对福柯选择行动和拒绝行动的不可捉摸的特点是相当抱怨的。

一天晚上，福柯和我坐在他的那台小电视前收看有关巴以冲突的报道。某一方的战士（不知道是哪一方的）出现在屏幕上说："自童年起我就为了我的事业而奋斗；这就是道路，这就是我的道路；再没有其他可说的了！""说到底，这就是我们的道路！"福柯叫喊道，他是那么兴奋，以至于没有再听进去那位战士后面说教性的言论。想象一下这样一种城市吧，在那里，重大的理念不会引发什么讨论，就像美学偏好一样：没有拜占庭争吵的一个拜占庭……我，就我个人而言，是一名亲美者，也是原子能和斗牛运动的双料支持者①；我为什么非得为此寻找一切好的理由，并因而被搞得不堪重负呢？

---

① 在2007年，反美、反核能、反斗牛（以及反狩猎）已经为人们所接受。有意思的是，在读尼采遗稿的过程中，人们可以发现1885年的时候，理查德·瓦格纳受尼采赞扬的原因就是"集今日之善于一身：他反犹太、素食，并且反对活体解剖"，参看尼采：《哲学著作全集 卷十一》，第414页。

但我们几乎不可能不为自己寻找理由。我们一般都是沿着福柯所说的"真理意志"行动的。有时候我们满足于将我们的选择称为纯粹:一个爱国者会说:"无论它对还是错,都是我的国家。"而更为常见的情况是,他会觉得他的国家必然是正确的或应该是正确的,或者捍卫国家是他应选择的一桩真理性的道德事业——这就是我们真理意志的力量。援引圣奥古斯丁的话来说①,"因为人们爱真理,所以人们在爱着不是真理的别的什么事物的时候,他们宁愿认为那就是真理"。显而易见,我们的合理论证都是诡辩。我们先选择,然后再判定其为真,而非根据真来做出我们的选择,我们选择,然后才让某些目标清晰起来②。这就是我们所做的全部,逻各斯、真理、理性和理解力的捍卫者们也概莫能外。正如斯宾诺莎告诉我们的那样③,我们并非因判断某物为善而欲求它,而是因为我们欲求它才以之为善。

真理意志无疑要为自己做出担保和论证,因为它将会成为一种权力工具或宣传工具;我们都能感觉到语言的权

---

① 奥古斯丁:《忏悔录》(*Confessions*),卷十,第25、34页。
② *DE*, I, 619。
③ 斯宾诺莎:《伦理学》第三部分命题九,附释。

力①。此外，真理意志的出现亦属偶然，它较多地出现在西方而非其他地方，继而被整合入学问的、权力的、官方的和强制性的各个分支之中。然而，有些心灵避免了这种真理意志——这些心灵很少属于心念逻各斯的哲学家们，而来自与杜梅齐尔所说的次级职能相联系的人们，即武士们，有着激情、愤怒和血气（thymos）的武士们②。福柯就是一名武士，不会长篇大论地为自己是如何正确寻求借口或辩护。他不义愤填膺，而是胸有怒火；与其说他选择了他的事业，不如说他的事业选择了他，他为之战斗，而不愿意对之做出讨论。他并不是出于信念，而是出于决断（"有信念会成为傻子"，某天福柯这样说道）。我们再次发现自己身处马克斯·韦伯说过的诸神消逝的天空下。

你也许会问"可是，人们如果没有理由为什么意欲改变事物呢"？但实际上事实就是：人们并不具有笛卡儿式的理智，即便没有什么好的理由，他们也能做出决断，尽管后来他们会为自己发明出这样那样的理由；不愿改变事物的人也同样没有什么理由。在福柯那里，我们发现的正是一种自由

---

① 可以想想答尔丢夫：他既胖且丑，但他只用了一个词就诱骗了全家人。"这出戏的题目完全可以改成《答尔丢夫或精神分析家》"，福柯这样说——他是这出戏的大戏迷，只要该剧上演，他必定去看。
② 柏拉图：《理想国》440b及以下。

意志论，追求更好事物的自由意志论：他并不对你必须欲求你所欲求的做出判断，毋宁说他认为他可以看到这就是人们的行为方式。从其个人角度来说，他发现可怕的是——福柯可能会这样说——一切人都因自己为他人福祉考虑而想让一切人确信他才掌握着真理。这就是基督教、马克思主义还有——唉！①——种种异教智慧做的事情。

福柯不断地强调说："当我做出有关监狱、精神病收容所的决断时，或者当我投入种种行动时，这仅仅是我个人的事情。"②他还会说："我的行为举止并不像先知。我的书不会告诉人们他们该去做什么。"③就像我们已经看到的那样，他——从其个人出发——为着事关"他主体性"的事情而战斗。

必须说明的是，这种主体性又绝非纯粹是心血来潮。它基于个人的经验和知识。被压迫的波兰是他最为挂怀的事业之一④，因为他曾经在华沙的法国使馆工作过，亲眼看到过

---

① *DE*, IV, 673。正如彼得·布朗在其《西方基督教的兴起》（Peter Brown, *l'Essor du christianisme occidental*, trad. Schemla, Seuil,1997）第174页所言，在基督徒那里，对自我的关注通过在本来意义上而言的纡尊屈驾（synkatabasis）转变成了对他人的关注。
② *DE*, III, 634；见*DE*, IV, 667。
③ *DE*, IV, 536。
④ *DE*, IV, 211—213, 261—269, 338—341, 344—346各处。

苏联的铁蹄是怎样践踏着这个国家,也目睹了"社会主义的贫困和它所激发起的勇气"①。我曾经说到过他对斯大林主义暴行的谴责。他还对被流放者、被压迫者、反抗者、边缘人有着感同身受的深刻同情。因此他才会对我说有段时间他对让·热奈产生了充满激情(不多也不少的激情)的友爱。

最好让我这个最直接的见证人和同事来说说我的感受。我感觉到福柯有时候有一种"迫切需要,去在政治上去反击监狱设立高度警戒区,或是反击那些被短视地称为非政治的不公,这些不公根本不会在革命政党、宗教慈善机构、民众情感和进步论学者所组织的请愿活动那里获得些许关注"②。他支持堕胎合法化并为之战斗③,但在1981年总统选举的时候,他却拒绝联署支持密特朗的请愿,因为他认为一名知识分子不应该像思想督导那样去行为。福柯意识到了修辞与哲学之间、宣传与怀疑论之间的两难,所以他不曾公开地对他所支持的事业做出论证。毋宁说,他努力为之奋斗的是唤起义愤,并静待同样义愤的人们向他投奔而来。他通

---

① 《疯狂史》第一版的封面上有这样一句话(我的记忆是这样的)。
② 帕塞隆:《一位社会学家的历程》。我们可以在这部书中读到一些才华横溢的文字,它们生动详实地呈现了作为战士和"专业知识分子"(intellectuel spécifique)的福柯,这种"专业知识分子"刚好和皮埃尔·布尔迪厄这类"公共知识分子"(intellectuel générique)相反。
③ *DE*, II, 446。

常不会对最重大的时下问题做出理论探讨，但他从未停止过以战斗方式去推进改良。如果你逐月地浏览福柯的生平①，你就会发现他从未停止过对形形色色"琐碎的"不公正的战斗，俨然一个"纠错员"：这两个词②恐怕最适合用来定义他的政治行动。

他采取反对死刑的立场，但却没有全盘计划。与他的怀疑论哲学相一致的是，他唯一的信念纯粹是个人的，往往也是消极的。比如，他主张你不能——在原则上——禁止人民反抗；你不能以所谓现今的合理性的名义反对新生的未来。我完全可以指明，在福柯看来，从普遍原则中不可能得出任何积极结论：比如说，反抗和不反抗都无法从普遍原则中得出理由，不能说未来——无论它是什么样的——比现在或过去更不合理，既然如此，为什么要让人选择此而非彼呢？选择源自脾性，源自个人品位，这是不可争论的，犹如对颜色的偏好不可争论一样。他很清楚他的政治观点并不总是与我一致，但他从未对我说教或加以斥责。

---

① 比如我们可以去看 *DE* 第一卷，第13—64页。
② 即"战斗"和"纠错"。——译注

福柯与政治

不要冷漠地看待新生的未来——这是福柯脾性的第一原则，这一原则也使他将《性史》视为朝向新曙光的一种努力①。这部恢宏的著作缘起于一种与普遍潮流相悖的思想（性与其说是压抑所指向的目标——如人们常说的那样——不如说是一种文化执念），这种反其道而行之的风格一直是福柯所钟爱的②。在开始进行这项工作时，福柯的兴趣已经转向了古代作家。他让自己成为苏格拉底式"心灵关照"③以及主体自我建构或审美化的分析者；最终他本人指出，最重要的是，人们可以在这本大部头著作中看到争取某种未来

---

① 维尔海姆·施密特：《探寻一种新的生活艺术：福柯对伦理学的奠基和重估之研究》（Wilhelm Schmid: *Auf der Suche nach einer neuen Lebenskunst : die Frage nach dem Grund und die Neubegründung der Ethik bei Foucault,* Suhrkamp, 1991）。
② 例见 *DE*, Ⅲ, 570。
③ 在这里有必要简要地提醒一下，"自我关照"不同于自恋，也不同于耽溺享乐，而是在自我控制的自由这一基础之上对你自己的照看。（*DE*, Ⅳ, 729）

的努力,这个未来在当代道德化的"话语"的垂死挣扎中放出了曙光。而且福柯也在内心中感受到了一种学者的满足。毕竟,他做的这项工作正是一名知识分子道德任务的题中之义①。

引述他的这样一段话就足够了:

> 从古代进入基督教时代,我们也就离开了本质上作为个人伦理探索的那种道德,而进入了对规则体系的服从的一种道德。如果说我过去对古代是如此感兴趣,那是因为,除了其他种种原因之外,我认为遵守规则体系的道德如今正在消亡之中或已经消亡了。道德的缺席需要——必然需要——一种生存美学。②

请注意"必然"这个措辞:它意在表达一种客观可能性,难道不是吗?人类主体如果厌恶空白,那么这个空白恐怕很快就会被填补上。然而这项填补空白的工作正是哲学家

---

① *DE*,III,594:知识分子的职责不是去"向未来言说先知式的真理",而是要"让人们意识到在思想所胜任的一切领域里正在发生什么"。
② *DE*,IV,第731—732页;又见*DE*,IV,第409—410页,在这些地方,福柯对异教时期和基督教时期的自我关照做出了历史的考察,并提到了布克哈特的文艺复兴英雄观。

的职责所在，难道不是吗（正如福柯所构想的那样）？福柯并不是要推行他所发明的某种道德秩序；毋宁说，他是在努力地促成这个自发的过程。

他的脾性的第二个原则促使他在1979年支持反对伊朗国王沙阿的伊斯兰革命。人们也都还记得，霍梅尼的支持者取得胜利之前，这位阿亚图拉一直在法国避难，并从法国遥控着这场反抗。在法国，至少在万塞纳，伊朗革命在那些放眼世界的心灵中、在第三世界主义者和帝国主义之敌中引起了极大的热情。我和许多人都可以作证，福柯并不是那些天真的狂热者中的一员。但他从个人角度总是支持一切反抗的，他也将伊朗的这场反抗视为追求自由的人民起义。他想对此有更多了解（他还为《解放报》做过新闻报道）；另外，霍梅尼强烈的个性也让他着迷。

福柯有着向新事物、向未知保持开放的心灵[1]，本着怀

---

[1] 有关对新事物的这种开放性，可参看1978年10月在霍梅尼取得胜利之前福柯发表在《新观察家》（*Le Nouvel Observateur*）上的一篇文章：伊斯兰政府的构想"给我以很深的触动，因为它致力于在解决当前难题时把那些使社会与宗教不可分离地结合在一起的结构政治化"。这篇文章收入了*DE*，III，此处引文见第688页，也被选编进了《法国伊斯兰和穆斯林的历史：从历史到现在》（*Histoire de l'islam et des musulmans en France du Âge à nos jours*, ed. M. Arkoun, Albin Michel, 2006），引文见第972页。

疑论对教条天然的厌恶。未来（avenir）不可预计、不可想见，福柯对将来（devenir）的庄严性极其敏感。他不愿教条地用西方观念简化这种未来，也不愿把妇女的头巾说成是ultima ratio[最终的手段]……所以他才前往法国政府为霍梅尼安排的位于诺夫勒堡的住所去面见霍梅尼。福柯回来后，对我说："你知道我为什么去那儿：这个人啊，只要他说一句话，就能在千里之外号召起千百万人对抗德黑兰街头的坦克"，然后福柯又说道："他向我谈了他的施政计划；如果他掌了权，人们就有的哭了。"（福柯这时候抬眼望天，眼中充满了怜悯）这就是我的所见所闻。

无疑，福柯认为伊朗革命应该是一场人民解放斗争。同样，他曾在波兰目睹过的社会主义制度，在他看来这是由苏联坦克所强加的外国专制。"若不是俄国占领，共产主义持续不了两天"，他这样说过。但必须补充说明的是，福柯也不认同西方中心主义以及有关民主和人权的信仰，更不用说性别平等了，所有这些观念已经是我们中许多人头脑中的教条。他或许感到这些观念全都是文明中易于消逝的战果，与世上所有东西一样不可能永世长存。更重要的是，他将判断悬置起来：出于他反教条主义的理由，福柯不支持什么也不反对什么。他在一个伟大的高度俯瞰着普遍的历史。

与此同时，出于其原则，他似乎特别欢迎历史学所无法呈现的那些新事物。世界上首次爆发了伊斯兰革命，而这样一种现象的种种效果在某种程度上说仍然是未知的。福柯说自己"对在政治中打开一个宗教维度的这场尝试印象深刻"。虽然宗教只是他全部关切中的极小一部分，但他确乎对这些伊朗人感兴趣，因为他们"在寻求着，甚至是以生命代价寻求着某种东西，这种东西对我们——对我们自身——而言，也意味着一种自文艺复兴以来就已被遗忘了的可能性：那就是政治的灵性"。随即他补充说："我可以听到法国人报以嗤笑，但我知道他们是错误的"。

让我们直说吧。大体而言，福柯反对一切教条，也有着卓然不群的视角，因而他不可能对这场历史发明加以拒绝，也不可能给它背书。他本来至少可以采取一种善意的中立立场，避免成为这种政治灵性的积极支持者，他可以理解它并对这种未来所蕴含的庄严性保持尊敬。然而事实却是，当伊朗群众站出来对抗政府和军队的时候，福柯在自己内心之中深深地被这些伊朗人民的英雄主义震撼了。我认为，正是由于这一原因，他才越过了中立的限度，站到了革命的一方，而没来得及仔细审视这种伊斯兰主义是否也将引起招致反抗的义愤。无疑，面对这种极端情况时，福柯立即在理智上受到促动，急于表露他对我们西方"真理"所持的那种原则上的不信任态度。毕竟，人无完人。

福柯支持霍梅尼的立场激起了反对伊斯兰主义和反蒙昧主义的伊朗移民的愤怒，他们来到福柯在巴黎的公寓，决心要在门口将他殴打一番。福柯并不在意。他真正在意的是法国报纸上出现的对他立场的批评文字。对后面的事，我不忍心说下去了。

但还是要面对批评：人们也许会说，"嗯，未来之庄严性，这证明了怀疑论是错的呀，因为它没有什么用处，不能教会人们该去做什么！"但是何尝有过能教导人的哲学或宗教呢——无论何种类型的哲学或宗教无非是让人在某种幻觉之中欣然称信，只是因为这幻觉是合适于我们的？你——除非你是传道者——何尝见过这世界被建造得井然有序，其真理可以根据对人的有用性得到把握？这个世界并不是既成的，更谈不上好与坏：它不是创造好了的，至少不是为我们创造好了的。我们必须为我们自己做出决断和选择：根本没有从天国或从超验世界降临到我们世界的真理。

福柯做出了他自己的选择。若假以时日，他或许会做出不同的选择。但在当时，福柯的确认为伊朗"在政治中打开一个宗教维度"。撇开事情的枝节不谈，福柯的全部行动引发了一个根本难题，或者说让我们清楚地意识到必须要怀疑——在逻辑上来说，凡是怀疑论者或任何不自欺的人都会有这种怀疑态度。若不怀疑，那简直就是自毁。一个怀疑论者在面对着这样一种可能未来的时候他应采取何种立场呢：在这个未来之中，没有丝毫余地可以容得下怀疑论者的思考？承认这个庄严未来的谱系学家将会如何呢——如果这个未来让他必须接受这样一种社会：其中宗教、意识形态——或干脆就是文化荒芜——将使他不再是谱系学家？谱系学、怀疑论和思想自由——所有这些都是西方人和接受西化的人们的奢侈品。

别担心，我不会下任何道德命令去禁止充满怀疑的思考者去怀疑使他们成为怀疑者的文化，也不会为了维护怀疑自由而呼吁他们停止怀疑。我唯一希望的只是指出，某些怀疑态度是可能造成人格的分裂的。Impavidum ferient ruinae——灾祸造就勇者（贺拉斯语）……无所畏惧地看着我们运思方式的毁灭，并目睹此运思方式之毁灭乃是对我们所思的确证，所以，我们不得不有一种分裂的人格，在精神中，让自我出离我们的时代和身体。

我们的多数哲学家不去触及世界本身，而是对它做出发现，不加介入，让这个世界保持完好，以达到他们自己想要的"皆大欢喜的结局"。但对另外一些哲学家——尼采就是其中一员——来说，"皆大欢喜的结局"根本是不存在的①。更糟糕的是，真理和生活相互敌对，因为真理总不免分裂人格，真理自身的死亡正是真理自身所坚持的真理。正如我们已经看到的那样，智者已经宣称怀疑论学说总是自掘坟墓；从另一方面来说，持这种学说之人到头来必然会自食其言，因为毕竟他还要继续生活。但是，至少我们的这位怀疑论者不会用思想给他的政治选择赋予"真理"的价值……

对内在生活非人格化

与此同时，在福柯所甘愿坚持的这种学说看来，一个怀疑论者或许可以寻求一种非人格化，一种活着的死亡（une mort vivante）。这样一种非人格化——或者说是人格分裂——需要高超的精神训练，就像宗教所要求的那样。这是一种注定沉浸入纯粹精神之中的努力（一种柏拉图主义的努力，可以肯定，所有宗教都有如此的要求）。这是我们面对我们与世界的关系、被海德格尔称为Stimmung[情绪]的那种关系——这种关系不仅是主动的和认识的，而且是情感的和生存论的——时，可以被采取的一种态度。我们将临的死亡

---

① 但是尼采仍然希望去生活，如其所是地欲求生活，欲求着同一的永恒轮回。

压迫着我们，漠视着我们，直到我们震惊地发现它是那么不可移易——福柯指明过这一点，而他之前的一位诗人也就此说过：

它对我说："我是座冷漠的剧院
让演员的脚步动弹不得。"①

"要言说真理就要分裂自我"，福柯写道，"通过这种分裂，我彻底杜绝了这个外部世界进入我的内在生活，这个外部世界与我的生活是如此无关、如此中立，以至于我的生与死都不能靠它来区分"②。

凡是愿意不惜代价言说真理的人都会追求的一种非人格化，只有这样才能对那森罗万象的漠然报之以同等的漠然。

公正者将以蔑视回应虚空
仅以冰冷的沉默
投向神的永寂。③

---

① 阿尔弗雷·德·维尼：《牧人之屋》，见《命运集》。
② *DE*, I, 695。
③ 阿尔弗雷·德·维尼：《橄榄山》，见《命运集》。

让事物去言说，让你自己成为一个沉默的幽灵。正如我们已经看到的那样，福柯绝不是一个简单的人；他并不属于战后政治化了的知识分子铁板一块阵营中的一员——这个阵营可以统称为"好战士"，他们参加的是必须参加的"好战斗"。

这种非人格化有时候被——尽管是无意识的——假定所有文明都具有同等尊严①的人类学家所采用，也被在必要情况下力图排除自己珍视的原因的干扰的历史学家所采用。米歇尔·福柯是怎么做出了这种言说真理的决定呢？就我所知的全部而言，他的思想演进是这样完成的：他曾明确对我说，在他大概二十岁的时候，也就是1945年，他同其他许多人一样，笼统地觉得马克思主义显然是有效的；所以他加入了共产党。于是他成了这样一代青年的一员：他们借助青年马克思主义者的理论平台推进了自己的个人思考。这使他们站在了前沿的起跑线上。他们不是从平地起步的，而是借助

---

① 约四十年前，在这个问题上，罗歇·凯卢瓦和克洛德·列维-施特劳斯也有冲突。凯卢瓦认为，一个民族志学者的战场应该在使他成为民族志学者的文化方面。众所周知，难题在于以理性和对他者好奇为基本特征的"西方"思想只是一个历史片段、一种偶然，还是完全相反，是全部人类最佳的目的和必然的命运。这个问题在第二次世界大战的前夜，也让写作了《欧洲人道与哲学的危机》（*La Crise de l'humanité européenne et la philosophie*）的胡塞尔非常困扰。

了这个理论跳板。

也就是在20世纪50年代初期,福柯已默默地经常着拉开与马克思主义的距离。1954年前后,在由我们在尤里姆街巴黎高师组织的共产主义学生四人小组(让-克洛德·帕塞隆、吉拉尔·热内特、让·莫里诺和我本人,福柯是我们四人追随的核心①)中,福柯已经流露出对党的失望情绪。在充斥于尤里姆街的中庸之道的氛围里,福柯的圈子给予我们以教益。我们不仅得益于他言论的智慧,而且也有机会近距离亲炙于这个"与众不同"的人。在哲学上,最刺激他的就是一切学说中无处不在的超越论。我还记得,他在高师对一系列课程所做的细致点评:"实际上,上帝存有的存在论论据充当着世界本质的神学基础。"继而,约1953年前后,他经历了一次巨大的转型,也即对尼采的阅读,尼采被他理解为符合论真理观的挑战者:这种真理正是所有事物的终极而最重要的超越论基础。

在社会学方面,福柯最初展现在世人面前时,是一位因几部著作大获成功而声名鹊起的教师,但这位教师又在学术

---

① 福柯生于1926年,我们四人虽都出生于1930年,但还都是学生,而福柯那时已经是尤里姆街的老师,与阿尔都塞一样,是"大鳄"了。

上难以归类①。他在法国的三个知识圈子——即大学、新闻和出版——里都站稳了脚跟。他成为知名知识分子之后，特意与新闻界和出版界——以及一些政治人物——保持关系②。同时，他极其自觉地继续着自己作为一个知识人的分内工作。在他还是任教于外省大学的教师时，他从未缺过一节课；而他在法兰西学院的讲座课程则是每一周的大事件。他之所以对他的这种敬业意识和自我牺牲的努力引以为豪，完全出于某种非道德的原因：因为他从中可以感受到自我控

---

① 反过来说，要是"以学院地位来评价某个人（如拉康和巴尔特）"的话出自福柯之口，那可就不是赞美之举了。这是大学群体与作家群体之间的小战争的一种延续。这场战争启自丹纳对维克多·库桑的攻击，后来战场转移至《白色杂志》(*La Revue Blanche*)，演变为佩吉对布鲁纳第尔和朗松的批评，大概在1900年前后以对波德莱尔的打击为战事的高潮。在我们的时代里，巴尔特也引发了同样的战争。福柯获得大学的认可，多亏了大学里声望素著的康吉扬和法兰西学院里严苛的于伊曼的看重和支持。他们两位都不支持福柯对大学、理性和规范性的否定，但是都很看重他的才智。不过，康吉扬与其将福柯看作一个历史学家或哲学家，不如说是看作一位诗人，有关这一点可参看W.克拉克在其《知识场：空间与共同体》(*Lieux de savoir. Espaces et communautcs*,ed. Chr. Jacobéd., Albin Michel, 2007, pp. 91—2, 95—7)对1961年福柯在索邦大学论文答辩的记录。还有一个性格上的亲和性也起了作用：康吉扬和于伊曼在抵抗运动中都表现出色。达尼埃尔·德菲尔亲眼见证，福柯弥留之际说："让康吉扬来；他知道怎样死。"勇气充当着了共同的祖国。

② 据我所知，他与任何战斗的同性恋团体都没有联系。当然，有人说罗兰·巴尔特之所以能入选法兰西学院，是出于他们之间的同性恋团结；但这只是道听途说。我知道他这么做——我没有选巴尔特——的理由是与这个说法完全不同的。

制的权力和自己能量的飙升。

他是有使命感的作者吗？他曾对我说过，当他还是少年时，他就没有著书立说的计划，而是对另一类生活方式心怀向往。他从来没想过有朝一日要把写作当成他的生存理由。同样，他未尝一日对现实事务失去兴趣，本来很可能拥有真正的知识分子影响力（但他从未真正做到这一点）[1]。他本来也可能成为出版界的eminence grise（幕后智囊），但却从未特意炫耀过某某丛书主编的无聊头衔。他甚至也可以对自己某种政治影响力引以为荣[2]。谁能责备他呢？他本可以

---

[1] 福柯虽在活着的时候没什么大影响，但他确乎因极具个人风格的写作获得了巨大的成功。《词与物》这类艰深著作因为其文字甚至都可以成为畅销书。我有一位女性朋友，她头一年给文科高中的哲学班上课的时候，要先给她的年轻的学生们念三篇文字，一篇选自萨特，一篇选自列维-施特劳斯，还有一篇选自福柯。唯有福柯的那篇文字能让中学生们陷入纠结的沉默，这与其说是因为晦涩的词句，不如说是因为它的文风。福柯在法兰西学院讲座的成功（教室坐得满满登登，地板上和过道里也坐满听众，还有些听众则在别的教室的大屏幕上听讲）与其说源自他讲述的内容，不如说是由于他谈吐风格中的那种音乐性。

[2] 福柯同《解放报》保持着密切的联系，也和法工联（CFDT, Confederation Franchise des Travailleurs）及其秘书埃德蒙·麦尔有联系。他还和西蒙娜·仙诺、伊夫·蒙当保持着友谊，他们二人都是苏联国际政策的支持者。1981年，福柯没有支持社会主义者掌权。我猜——不是很确定——他倾向于罗卡尔，而不是密特朗。在福柯去世那年，他还准备写一篇有关法国社会主义的批判文章（他床边桌上堆着的一大堆书都是有关这个问题的）。在他看来，法国社会主义党不可能拿出现实的政策。

成为更好的政治顾问。福柯是一位武士；他至少想要在这个自然的或道德的世界中挣得自己的一份功业，无论它是大还是小。

诱惑也好、野心也罢，这就是成为他的激情的内在生活，全部被记录在他的著作当中；同时，他的那些著作也构筑了他的这种生活。通过著述，他也建构了他自己。但他过去所写的一切都不再与他相关，因为他本人还要将这一桩无休止的任务继续下去。

> 所以不要总是回到我过去说过的东西上！在我说出那些事的同时，我也将它们遗忘了。我过去所说的一切绝对不重要了。你在写下某些东西的同时，你也已经在头脑中将它耗竭了；贫血的思想，这就是我们白纸黑字写下的东西。我对我写下的一切都不感兴趣，我所关心的是我还能写什么，还能做什么。①

有一次，在异国他乡，远在多伦多，他直言不讳地承认，"我之所以写作，是为了改变自己，是为了不再思考此前所思之事"。作者被他的作品和他所思考的一切所创造，

---

① *DE*, II, 304; I, 574。

这一点众所周知，但很少有人说过：为写作而死的人也获得了一种救赎，让他非人格化，让他获得了永恒的超升。

> 我知道知识有着改造我们的权力，真理绝不只是一种解码世界的方式……我还知道，我一旦认识了真理，我便会因之而得到改造，得救，或也许死去，但毕竟，我想，这是一回事。[1]

在写作的同时，作者也是在通过他匿名的作品使自身非人格化。他写作，"为的是不再有一张面孔"[2]，以便让自身消失在"因不断关切真理而缓慢地、艰难地转型"之中。是的，他是这样写的："关切真理"；"改变自己思想和他人思想的这项工作，在我看来，就是知识分子之为知识分子的理由所在。"[3]要消除你的个性、消除你的此时此地性，要达到超然而不役于物，则只有进入一种活着的死亡的状态。

这就是那位不自觉的叔本华主义者福楼拜所说的客观

---

[1] *DE*, IV, 535。
[2] 《知识考古学》，第17页。
[3] *DE*, IV, 675。

性①。当个性成为"话语"之时②，个性也就不复存在了。用勒内·夏尔——他的诗，福柯熟悉到能够背诵——的话说，"人，经受打磨，直至消失不见"③。福柯过着作者的生活，

---

① 这就是福楼拜在《情感教育》中要说明的东西，小说彻底形而上学式的现实主义是不断将生活解蔽的现实主义。阿尔贝·蒂博代评论说，如果意志是非存在的，世界将会如何——这是小说的核心。所以这部小说才会是"连篇累牍连续、单调、乏味、冗长的绵延"，其中"事有着人一样的生活"（因而福楼拜才会有巴尔贝·德奥勒维利所批评的"无休止描写的狂热症"）。如果说弗雷德里克·莫罗是个冷漠而缺乏意志的人的话，这是因为小说及其主人公是"互为镜像"的。理解这部杰作的关键在于，有人认为这部小说苍白，而另一些人则为之痴迷。这部小说是一部contemptus mundi（轻视世界）的宣言，它从某种宗教的视角出发蔑视此世的事物。遗世而立，意味着使自身非人格化：福楼拜的宗教并非艺术宗教，而是"客观性"的宗教，艺术绝不可能是通向目的的手段（博学广识是福楼拜的手段；而诗是勒内·夏尔的手段）。所以福楼拜也患有无用的"文献记录狂热症（比如，小说里有精确的欧塞尔火车时刻表）。在这个说明的最后，我必须提及让·波利的一部非常细致的著作《弗雷德里克与人之友：〈情感教育〉的展现》（Jean Borie : *Frédéric et les amis des hommes : présentation de «L'Éducation sentimentale»*, Grasset, 1995）。
② 见《话语的秩序》首页。
③ 在《柔顺》（*Allegeance*，这个标题取自冶金术语）及其他诗中都有此句。诗人（他不同于人类，他只是人类中的暂时的居民）"像一块幸运的船只残骸"随波消逝：福柯在《话语的秩序》第9页引用了这句诗，但没指出作者姓名（他向这位诗人致敬，假定全世界都知道这是谁的诗）。福柯常常不指名地引用这位诗人：《疯狂史》（Gallimard, coll. Tel）第320页"有那么一个时候，草木利于疯人不利于行刑手"；还有 *DE*, I, 164, 167页（在该页的页眉和页脚处）和197页；《词与物》

但他却是这样一些信徒中的一员——他们既不会在他们的作品中获得身份认同,也不会在他们的书写或绘画行为(随着年龄的增长,他也时不时地画一些萨特、毕加索,甚至普鲁斯特的肖像)中获得身份认同。

> 因此之故……我才愿意终生像个疯子一样工作。我全然不在乎我所获得的学院地位,因为我的难题是改变自我……通过知识实现的这种自我改变,我认为,非常接近于美学经验。如果画家不通过他的绘画而改变自身,他为什么要从事这份工作呢?[①]

福柯,这位哲学家或历史学家,在这里将自己的情形比作艺术家、画家的情形。他的自我评论向他表明,他在自己的工作中已经达到了这样的地步,即便没有同等的尊严,他从事的理智活动再平淡、琐碎,也难以与文学艺术创作相区别。在福柯眼中,这就是一种宗教。早在他还是高师学生

第35页("草木的明晰");《疯狂史》第95页引用了一个很不常见的词"allégir"(刨薄),还有第320、549及546页等处福柯用了夏尔的"他孤独的相似性"。*DE*, I, 65处也可见对诗人的引用,夏尔的诗行还出现在《性史》的封底上。前文中我们已经提及,"不及物性"一词来自夏尔的《形式的分割》。

① *DE*, IV, 536。见 IV, 675, 及 IV, 42。

时，他难以料想的是在读了莫里斯·布朗肖的著作之后，便立即皈依了这种宗教。"在那个时期，在那么多人里，我最钦佩布朗肖"，他对我说，"我想像他那样去做事情"。这样一种宗教常见于那些对艺术和文字精打细磨的人（福楼拜和马拉美，是必然会被提到的两个伟大前辈），但是却在学者——除了一些哲学家之外——中非常罕见。

任何以其自身为目的的精神活动（这类精神活动也可能产生一些外在结果，比如说影响舆论），既可以达成使研究者或作者消失于其中的一种非人格，也可以促生一种无质无形、没有面孔的自我，这种自我当然不是永恒不朽的（在永恒的时间中，人是根本不可能构想自我的），而是无涉于时间的、处在时间之外的。人一旦消融于其作品之中，就会忘记真实的死亡：这不是说他进入了永恒，也不是说他必将永垂不朽，而是说他在匿名的文本之中非人格化了，固化在了那些文本之中。这种艺术家或研究者仿佛已是死者——这也正是福柯写下"改造，得救，或也许死去"时所要表达的意思。死，是的，因为在这位尼采主义者看来，不存在救赎；要么活在虚无之中，要么存身于混沌，这是唯一的选择。停止改变，欲望着摆脱既是外在也是内在的现实——从根本上说此现实即混沌——也就意味着虽生犹死。

独行侠的肖像

这位所谓的左翼，既非弗洛伊德主义者，亦非马克思主义者；既非社会学家，亦非进步论者或第三世界主义者，当然，他也不是海德格尔主义者。他既不读布尔迪厄，也不读《费加罗报》，他是一位"非左（在某种程度上而言的非左）非右"的尼采主义者。他从来都是不合时宜的（用尼采的话来说），从来都居于他的时代的外部。他不是一个墨守成规者，这也足以使人将他归为左翼。然而，就他个人而言，在于1968年后在万塞纳大学任教期间，福柯本人实际上发自内心地将毛泽东主义者和左翼群体视为同道，甚至认为他们的激愤是相当有益的，但他认为毕竟他们的出现是次要现象。而在这些群体看来，福柯是个难捉摸的人。福柯的确狡猾。在选择了与左翼站在一起的时候，他又谨慎地避免暴露能使自己的不合时宜性与其追随者所持左派立场相区别的那种微妙差别。因为只有在左翼战士当中，只有通过《解放报》，他才能找到在他的个人战斗中可以依靠的同志。

我必须立即补充说明一下，从他这方面来说他是全心全意的，他从来都不是出于自己的文字事业的利益而对其他观念做出让步的那种人。当然，每个作者多多少少都会公开地、娴熟地——或多多少少较真地——处理自己的职业利益。福柯也不例外，他从未否认自己的这种利益，并且以富于外交策略的手腕处理这些利益，但他的真理不容协商。他首先并且最终是为他的作品和观念而活的。他时不时地对我抱怨说，他的讲演出版得不够快，这让他非常失望。精校细刊地将他的《讲座》和《言与文》在他去世之后出版的人们如今让他在身后梦想成真了。

在右派那里，福柯总被疑心是公众之敌——但我们切不可信以为真。因为，福柯绝不是要对现代世界连同其面包、马戏和种种拟真现实一股脑儿地全部加以谴责，相反他只是——从来没有讥刺的意思——要把这个被构织的世界的全景展布出来。我难道没有证明这一点吗，每个历史学家所默默进行的工作难道不正是这项事业吗？恰恰是那种不以时间性为转移的明晰性使福柯这样的不合时宜精神与从不证明自身的反现代者区别了开来（我认为，让·鲍德里亚就是一个反现代者）。

历史学家们可以欣喜地看到，福柯无时无刻不在努力地对所有方面和所有时代中那些绝对差异进行着深挖。但同时，福柯通过每个个案证明了，一切所谓根源都根在空无。

每个人——或者说几乎每个人——或多或少都对此有朦胧感知，但我们往往选择遗忘，以便安然生活，或者只有坐在书桌前我们才能想到这一点。可是福柯从不选择忘记，当他从一个绝高的高度俯瞰世界的时候，他也将这个世界看作一个可能的战场，他看到，这个世界，无论是古代还是现代，对他而言是没有合法性（légitimité）可言的。他刻苦工作，并不生活在永远义愤填膺或狂热好斗的状态之中，但却保持消息灵通，并时常出手，打击不可容忍的流弊。

吉斯卡尔·德斯坦上任伊始的种种新举措之一就是邀请屈指可数的几位大思想家——包括德罗米莉女士在内——在爱丽舍宫共进午餐。福柯回复说他可以参加，但条件是他可能会在午餐会上就所谓的"红毛衣"案[①]的审理向总统提问，在这起案件里有一人被认定为有罪，而且可能被判死刑处决。吉斯卡尔拒绝了福柯的要求。福柯也没出现在爱丽舍宫的午餐会上。

倘若你可以对人的特殊类型进行归类的话，在福柯那

[①] "红毛衣"（Pullover Rouge）案发生于1974年，8岁的马利·德洛雷·兰布拉（Marie Delores Rambla）从家中被绑架，两周后他的尸体在荒郊野外被找到。这一案件在法国引起了轩然大波。案犯查尔斯·朗居西（Charles Rancucci）最终归案并且认罪，法院判处其死刑并最终在1976年执行。但此案疑点甚多，比如，受害者尸体旁有一件红色毛衣，但是毛衣的主人至今无法确定。——译注

里你就会看到一种"避免在世界之中发现意义的怀疑论的克制",这是马克斯·韦伯的说法,他不无夸张地认为这是"一切时代里所有知识阶层所共有"①的一种态度。要判断荷马、伊壁鸠鲁、莎士比亚、契诃夫或马克斯·韦伯各自头脑中的英雄是不可能的②。与福柯交往——至少是作为朋友(与他做朋友比同他为敌好,因为当他面对那些出于臆想而反对他的人,或自觉思维严谨而应得远胜于福柯所享的声名的人时,他是会以尖刻的言辞加以回敬的)——的时候,你会体会到一种耐心周到、不强加判断的态度。在他的著作中,他探讨了最离奇的那些学说,却从不加一字判断。带着一个博物学家对大自然的创造所怀有的那种赞叹同情,福柯在人类多样性的全部范围内进行着采集,这种多样性里充满了任性、笨拙、荒谬、放纵以及狂热的冲动,但面对着这一切,福柯既不哭,也不笑。

　　他和《解放报》交往不断,有一次我就碰巧目睹过他们之间的电话交流。他早就认识玛丽-弗朗斯·加罗(Marie-France Garaud),这个女人素来被左派人士所厌恶,她颇有权力,是爱丽舍宫的顾问。福柯在电话这头说反驳《解放

---

① 马克斯·韦伯:《宗教社会学》(*Sociologie des religions,* ed. Grossein-Passeron, Gallimard, coll. Tel, 2006),第228页。
② 我想到的是韦伯的理论著作,而不是他就时政所作的那些政治文本。

报》的人说："不！她的人格与其说是一个政客，不如说是个文学家！"这让通话者非常吃惊。然后他就挂了电话，朝我转过身来，无疑是回想起了他的童年，他说道："太糟糕了，我明天在法兰西学院有课，否则，你想想，我可以和玛丽-弗朗斯·加罗促膝长谈一个下午呢！"这难道不是人文主义的表现吗？

这就是他在沃日拉尔路一尘不染的公寓里组织的沙龙生活所奉行的默契规则。在那里的晚间聚会上，来宾从不搬弄是非；那里的聚会只有他爽朗而幽默的阵阵笑声，而可怜的埃尔维·吉贝尔（Hervé Guibert）——当时已经是公认的作家，对他将要面临的早逝一无所知——则是聚会中很迷人的人物，从来不说恶毒挖苦的话。在那里，福柯没有狂热的拥趸和追随者，他对所有人都友善、忠诚、慷慨，只要他们不对他心怀妒恨并以友人身份平等相待。我想补充说的是，可怜的虚荣情绪总是让自负者把牙齿咬得咯咯作响，有意地漠然冷落全然不慕虚荣者——大人物身上也不免时常会有些这类小虚荣，然而，福柯钢铁般的自我却容不得一丝一毫这样的虚荣。他的沙龙精心组织又完全不依俗套，充满了平等气氛，在那里，你能享受一种平和，无须掩饰自己。我是沙龙的常客，无论那里的来客是谁，福柯就曾不无责备地给我赠了一个"荣誉同志"（homosexuel d'honneur）的称号:"像你这样一个人,心胸开阔而又有学识,可偏偏喜欢女人!"

但我在某一天早上的确见识了福柯本人的心胸开阔。我于法兰西学院任教期间,福柯总会请我共进晚餐,并让我在紧邻他公寓的工作室里留宿。在共处的时候,我们又恢复了尤里姆街时老朋友间的习惯,以绰号称呼对方:我称福柯为"Fouks"——狐狸。在这儿,我要事先提到一个小细节,读者很快就会理解它的意义。大家都知道尼采晚年精神崩溃以后写的那封充满激情而疯狂的信,这封信是写给柯西玛·冯·彪罗(Cosima von Bülow)——早就成了柯西玛·瓦格纳[①]——的:"阿里阿德涅,我爱你!"尼采在信中署名狄俄尼索斯,他将自己视为酒神的化身[②]。柯西玛·冯·彪罗,尼采最终的至爱!

某日早上,约是早餐时分,我被隔壁传来的汤匙声和两个欢快的交谈声吵醒,一个声音是福柯的,另一个则是新鲜的女声。我好奇而尴尬地敲门,咳嗽了一下,进到屋

---

① 柯西玛是李斯特的女儿,嫁给了父亲的学生汉斯·冯·彪罗为妻,后离婚,于1870年嫁给彪罗的另一位老师瓦格纳。同时,柯西玛也是尼采心目中的至爱。——译注
② 夏尔·昂德勒:《尼采:生活与思想》(Charles Andler, *Nietzsche, sa vie, sa pensee*, Gallimard, 1958),卷二,第612页;卷三,第486页。

内，看到两人——福柯和有着一张聪慧面庞的年轻漂亮的女士——刚刚起床。他们穿着奢华的日式晨衣（kimonos，或者是yukatas和服式便衣），那是福柯从东京带回来的，而且是情侣装。他们邀请我坐下，我们友好地聊了一会儿。这位不知名的女士说一口毫无瑕疵的法语，甚至没有一点外国的口音。过了一会儿，她就离开了。门刚一关上，福柯就转身——像个骄傲的孔雀，难掩对自己罪过的炫耀之情——冲我说："我们共度一宵；我亲了她的嘴！"他还告诉我他们已经考虑结婚，他有个唯一的条件，就是想姓妻子的姓："我要称自己为米歇尔·冯·彪罗！"可是这在德国法律是不允许的。你简直想象不来这个尼采主义者有多么惋惜！

有关这位风雅卓绝又性如烈火的先生——他多次展现了自己的勇气（一天，在突尼斯海滩，他闯入着火的咖啡馆，不顾煤气瓶爆炸的危险救出了老板）——身上的其他方面，其他人已经讲过了，而且比我讲得更好。我令人惋惜的已故友人，生前任"第二局"①官员的乔治·维尔（Georges Ville）曾说过，知识分子通常不害怕危险；他们所惧怕的是争斗。（在维尔的尤里姆街时期，有段时间，福柯曾是他的柏拉图主义的爱人，有一次福柯曾对我这样说维尔："他身

---

① 第二局（Deuxieme Bureau）是法国情报机构。——译注

上有一种忧郁式的幽默，生得如此漂亮，他注定要为此受罪的！"）可是，福柯不怕争斗，"相反，他浑身上下总是充满勇气"；勇气，那是一个勇敢的身体。这个评论让我们看到，要更加审慎地对事物进行命名。没有人剥削工人的劳动，人们剥削的是他的身体；没有人对公民进行训练，使之接受军事纪律：人们训练的是他们的身体，以便使他们自己能控制自己的身体；监狱体系所囚禁的也是身体。

这位被诅咒的朋友仿佛古时被活剥皮的人那样极其敏感。他是性偏见的牺牲品，但靠着自己的骄傲，决定直面他的压迫者，我行我素。在他还是青年的时候，就深以做周围人群的牺牲品为耻。他大概是在1954年哽咽着说出这番话的。

在那个遥远的时代，巴里高等师范学院居住着300多名男青年，而同性恋是不可见的，全然被禁止的。唯有福柯，在他要离开那里的时候，将真相展示给了有限的几个追随者和钦慕者①。他那时正年轻，痛苦而具有攻击性地生活着，这一切都源于自己的差异，源于对他人和自身的蔑视。他极大程度地将对自己的排斥内化在身体内，以至于在1954年

---

① 他最后向我透露说，只有他的一个学生知道他的秘密：这位科学专业的学生的名字已经因为他追逐女性和被他俘获的女人们而为人们所熟知。对这位唐璜来说，就如对福柯来说一样，欲望，或者说快感，已经是一种通行的、共有的价值。

的某一天，他恨恨地跟我谈起"歇斯底里大喜剧"——他当时就是这么认为的。他有时会在他漠然视之的压迫者——那些对压迫他并不自觉的压迫者——面前公开地发作，对这些人爆出一连串报复性的蔑视嘲讽。即使是法国共产党，在实施这种排斥方面也不遑多让，1954年我们支部内的几件内部丑闻让我们看清楚了这种偏见让我们许多同志遭受了多少痛苦。

虽然可能有点"八卦"，但有必要提一下一段回忆，它有助于说明1954年时这种禁忌的程度。我们四个高师学生组成的小团体当时搞了一出戏，我在剧中间接地提到了福柯，福柯在知道了我们的这戏演得不错之后做了决定：虽说不是严格意义上的"出柜"（Sortir du placard），也是要迫使我们睁眼看到。柯克托——当时是共产党的"同路人"——刚刚当选法兰西学术院（Académie française）院士，而我们在《人道报》上发表了一篇暗含反讽的赞扬文章。福柯直接将那篇文章交给柯克托之后，突然说道："她（Elle）完全疯了（folle）。我们问她：'大师，您今年夏天怎么度过您的假期？'她卖弄风情地答复说，'我不会离开巴黎：我得等裁缝试样'。①"听了这话，我从后脊梁打了一个冷战，

---

① 指院士服试样。——译注

因为这是我第一次亲耳听到这个阴性代词的"她"被用作一种来自地下社会的秘密隐语,这使我们再也不可能看不到我们当中就有着不少被诅咒者。法语folle并不仅仅是fou(疯狂)的阴性形式,而且也是这个秘密社会的一个"术语",如今,身属这个秘密社会的福柯再也不掩盖他作为"新入会者"的身份了——这是一个普鲁斯特在《索多姆和戈摩尔》中描绘过的充满流言蜚语的社会。

当我再次与福柯相遇,已经是二十多年后了,那是在法兰西学院。那时,他不再含讥带讽地说话,也不再传播流言。他身上再也没有歇斯底里的影子。他已经成了——就像他自己所说的那样——"一个没有问题的体面的男同(pede)"。他告诉我说,自己年轻时,最初有那么一段任性的"捞鱼"时期,那也是当时的时髦。"你一生中和多少女人睡过觉?"他问我,然后自己说道,"至于我,最初我在头一年有二百个男人"。一位知情人让我确信,这个说法绝对是夸大其词的,这种夸张手法见于《旧约》。随之而来的是充满激情和痛苦的交往(liaison)①,这种交往对福柯来说,人数不少;继而则是一段持久的爱情,他与达尼埃

---

① 与作曲家让·巴拉克(Jean Barraqué)之间的"交往",可参看埃里蓬:《米歇尔·福柯》,第86—90页。

尔·德菲尔建立了几十年的生活伴侣关系，他们之间相互有着深厚的感情。

但他也曾告诉过我，他在文科高中时期经历了最大的激情，但它与他青年期的同性恋无关；而是来自他吞下的那些药片——药片是他从身为外科医生的父亲那里搞到的，而他之所以吞下它们，为的是要搞清楚这些药在多大程度上能改变人的思维，想要知道以不同的方式去思考是否可能。"妈妈，鱼在想什么？"某一天他盯着有金鱼游弋其中的鱼缸问他的母亲①。鱼的思维、药物、烈性药、疯狂……所有这些都证明了我们规范性的思维方式并非唯一可能的思维方式。还有许多激发哲学使命感的方式。

就同性恋和福柯本人的遭遇而言，它们显然"影响"或者说甚至在他内心中生成了一种特殊的敏感，这种敏感也为他的研究赋予了形式并决定了他的某些研究对象。迪迪埃·埃里蓬曾对我指出，在福柯本人的生命里，他在很早的时候就发现精神病学和精神分析也都是权力的技术。后来，他也要揭示有关"性"的现代"话语"，将同性恋表述为个人身份同一性的一种关键构成，这种身份同一性是个人必须接受和承认的，因为科学已经如此言说了，而且有关它的知

---

① 此据福柯母亲的回忆，参看埃里蓬的福柯传记。

识已经对所有个人的"真实"身份施加了权力。福柯的大部分思想精力因而都投入到了反抗性知识所强加的规范性和抵抗这种真理"话语"所滋生的权力效果的战斗之中。

福柯一直保持着对药物、鸦片和LSD致幻剂的偏好，但仅在间隔几月的短时期内满足这种爱好，他对写作与工作的兴趣以及来自教学的快感足以使他克服任何滥用。每年在完成了伯克利的讲座课程之后（他在美国很愉快，他爱这个国家），他就会去享受一段LSD致幻剂之旅（这一度几乎对他来说是灾难性的），并去旧金山的同性恋聚居区的男同性恋桑拿房放浪形骸。他就是因此而死的。今天，在法兰西学院他的办公室里，你还可以看到墙上用图钉钉着一幅宣传那种桑拿房的欢乐的海报。尽管当时福柯已经患病，但他从未将那幅海报取下。

他不惧怕死亡，他在一次有关自杀的对话（作为一个出色的独行侠，他携带着两把剑，其中一柄短剑是用来自杀的）中对朋友们如是言道[1]，随后的事实也证明自杀并非愚人船。他生命的最后几个月，全部都被他用来写作和重写有关古代世界中的爱的两本书——他履行了他自己曾许下的诺

---

[1] 有关自杀的正当性，参看 *DE*, III, 777。尼采：《哲学著作全集，卷十》，第87页："死亡。我们必须把这个愚蠢的物理事实转变为一种道德必然。以这种方式而活，才能在合适的契机获得死的意愿。"

言。他有时候会让我帮着对他的一些译文进行检查，还会向我抱怨持续的咳嗽和经常发生的低烧。出于礼貌，他请我为他在我妻子那里寻求一些建议，我的妻子是一位医生，但她也爱莫能助。"你的医生们无疑认为你得了艾滋病"，我开玩笑地说（相互拿对方的性偏好打趣，是我们俩友谊的某种仪式）。他笑着回答说："他们的确是这么认为的。我可以从他们问我的问题中猜到。"读者们可能很难相信，1984年2月，一场发烧和咳嗽已经让他对此确信无疑了。当时，艾滋病是一种如此遥远、如此不为人知的祸害，以至于这种病被人们当作某种神话，或许还当作想象的臆造①。

纯粹出于好奇，我问他："说实话，艾滋病真的存在，还是仅仅是一种道德告诫的传说？"经过片刻思考，福柯回答说："好的，你听着，我已经研究过这个问题，读过一些有关它的东西：是的，它的确存在，并非传说。美国医生已经对此有深入的研究了。"他接着三言两语简要地给我讲了一些技术方面的细节。我对自己说，"毕竟他是一位医学史专家"。有关美国的"同性恋癌症"的一些消息已经见于报章，但这种灾难的真实性当时仍然受人质疑。

---

① 他的亲密朋友们都猜到了；他去世之后我们才知道。达尼埃尔·德菲尔说，福柯本人曾在自己的笔记本里写道："我知道我得了艾滋病，但在我的歇斯底里中，我对之加以遗忘。"

回想起来，他对我提出的愚蠢问题所给出的冷静回答让我难以呼吸。他自己肯定预见到了那一天是迟早要来的，也一定思考过他给我的答复，指望我还能记得他的那种答复①。此后，我一直处于被压抑的焦虑之中，这种焦虑转化成了伴有车轮声的福柯转危为安的玩笑，最终爆发为对他的死的幻觉②——这个幻觉就出现在1984年的6月25日星期一他去世的那天，直到几个小时之后我才接到了日本学者莫里斯·平基（Maurice Pinguet）从东京打来的电话，东京的广播已经公布了福柯去世的消息。

---

① 我在这里重述了埃里蓬在其《福柯》第34页讲过的事情，非常感谢埃里蓬的允许。
② 最近一次有关福柯健康状况的报告不容乐观。此前两天，萨尔佩特里埃（Salpêtrière）医院的医生已经告诉我妻子，他们已经对福柯束手无策了。我当时在高速路上，正离开巴黎，我发现后面有一辆马力足、行驶很快的车要超过我的车，那是一辆体量很大的绿车，有着不常见的呈方形的车尾。当它超过我的车的时候，我发现是福柯在驾驶。他向我转过尖削的脸庞，薄薄的嘴唇挂着一丝微笑。我踩下油门加速行驶，以便追上他，但旋即又提起脚来，因为我意识到了这个视觉的幻觉性质，幻觉是绝不同于有着自身根据的真实感知的。我明白了这个幻觉的寓意：福柯正在去我们所有人都要去的地方，他在理智方面远胜于我。那辆车在前方消失了或不再存在了，我拿不准应该怎么说。整件事只持续了一分多钟。后来我把这事告诉给帕塞隆，他指出了我没能想到的一点：那辆车奇特的尾部是灵车特有的——一种幻觉，还是一场白日梦？这个视觉场景类似觉醒之前的那些梦，传送着别出心裁的寓意，在醒来前的那一刻，人们总是半梦半醒的。

这就是这位纠错员、这位永远在出击的——既非乌托邦的亦非虚无主义的，既非保守的亦非革命的——改良者的生与死。我能否再对他的良好判断力说句话呢？他的有关理解力的哲学构成了历史之中反向的理性一极。我还应该提及他眼光的敏锐，他无情地洞穿本质的迷雾，看到了种种独异事物的任意性质。这个优雅的人物，踩着镇定和清晰的步伐，勇敢、不屈，他锋芒凌厉而不反讽嘲笑（因为反讽嘲笑意味着用假声发音）。他十分清楚他在自己周围激起的敌意和嫉妒；他是庸人的透彻的精神分析师。

　　他无拘无束地展现了他的自我的全部力量，而正是出于这同一原则，他也拒绝沉溺于关于他的自我的精神分析虚饰之中。他毅然决然地犯罪（pecca fortiter，就像路德曾说的那样）又直截了当地向他的自我坦白。在他做出不好的举动的时候①，他并不去掩盖事实（他看重道德；不愿成为他自己眼中的下流胚——这对他来说是很重要的）；为了清理自己的良知，他会觉得有必要向某个可信赖的朋友（福柯认为或想当然地认为了解我们的圈子里一切最新流言和八卦的人）进行忏悔。

---

① 比如说，他要是不喜欢某个同事，他就会报之以尖刻的语言，这是福柯再擅长不过的了。

此外，他敏感、易受爱的激情的影响，与其他所有人一样，也有着家庭生活，也要面对家庭生活的琐碎和对它们的恐惧。他圆滑的手腕和他的慷慨大度也证实了那些忠诚的爱情关系和友谊既牢固又充满激情。在对话中，他语速很快，让他的存在被人感知，但又不是在谋求支配。对所有人他都热情周到、开诚布公，从不扮作教皇说话，也不纡尊降贵。那些为他工作的人（男人，同样还有女人）都说，他对待他们既平等又和蔼。"我和我的秘书相处融洽"，福柯告诉我说。"我们坐在同一辆车中的时候，盯着一个路人瞧，我和她都对这同一个男人产生了幻想"。这种日常的平等主义是显而易见的，因为福柯总是真实地面对他的自我，表里如一，不受各种圈子奉为圭臬的那些俗套的态度的束缚，以至于他常常会让与之交谈的人们摸不着头脑，让他们好奇他们面对的这个人究竟是什么样的人。

福柯很少听音乐，但热衷绘画（他对马奈的喜爱众所周知），而且他对文学有明确的品味。1955年前后，福柯就认为，法国有两个文学阵营，其中的一个阵营被许多人认为已成边缘，由布莱希特、萨特、圣琼·佩斯等人组成，另一个被普遍认为处于优势的阵营由贝克特、布朗肖、巴塔耶和夏尔等人组成。福柯的文学感受是敏锐的。我至今还记得，某天早上，他从他的书桌旁跳了起来，就像是弹跳玩偶匣中的玩偶，双眼圆睁，手里拿着一本打开的书："嗨，韦纳，你难道没发现文学具有某种比其他事物更优越的东西吗？我认为，《俄狄浦斯王》结尾时失明了的俄狄浦斯的长篇演说……"他一时竟找不到合适的词语继续说下去。

就他本人的著作，他经常重申一个主题："在何种原则的名义下，你或我才会去主张某种行动方案呢？你千万不要惑于现在，当你能察觉现在的时候，它已然是成了逝去的过去；不如干脆去认识你想要的是什么以及你所不能容忍的是什么。"我常常想念他，此时我心中萦绕着威廉·卡洛斯·威廉斯写的那首有关晨星（也是昏星，弗雷格以来的现代逻辑学家没人不知道这一点）的几行诗句，就像是一段祈祷文：

> 古老的星辰
> 你给我以奇特勇气：
> 不与曙光同辉
> 只在其中闪耀，孤独地。①

福柯在法兰西学院的讲座吸引了大量听众，再现了当年

---

① It's a strange courage/You give me, ancient star : /Shine alone in the sunrise/Toward which you lend no part.

柏格森讲座的盛况。大厅满都是人。人们或坐或站，甚至还有人斜躺着，当座无虚席时，人们就站在过道的阶梯上。还会有一些著名人士前来旁听，其中有演剧界人士以及斯大林的前秘书之一。讲座全程录音（他讲座的卡带在黑市上奇货可居）。皮埃尔·诺拉（Pierre Nora）也会到场，与我并肩而坐，安静地思考我们听到的东西。

就在所有听众前方，一位英俊、苗条、身材修长的年轻演员尽情伸展地斜躺在讲台脚下的地板上，仰面望着这位教师，一只手撑着头。这个寓意画式的形象一下子把其他听众和讲演者分割了开来，仿佛证明着讲演厅里听众们的乌合性质。他这夸耀的在场方式暗示他对演讲者的思想是赞成的，而他那优雅的姿态的理由则来自"我们俩才是正确的一方"①，这一姿态又能把他和演讲者归为一类，使"他们俩"区别于到场的其他众人。

福柯注意到了，但任其随便，只不过用了一句话婉拒了摄影。

巴黎麦秸街离法兰西学院很近。而但丁（他对一切都充满了激情和兴趣，他是最完整的永垂不朽的人类单子）在

---

① 有一次福柯的讲座，让-皮埃尔·维尔南（Jean-Pierre Vernant）带着玛琳·黛德丽坐在前排，但黛德丽是双腿蜷缩着坐着的。

《天堂》中因为把哲学真理与信仰启示相对立，而于1277年被巴黎大主教判为异端的布拉邦的西基尔留出了一席之地，但丁是这么写到他的：

> 那是西基尔的永恒的光，
> 他在巴黎麦秸街讲演的时候，
> 用三段论法推论出真理，引起了憎恨。①

---

① *Essa è la luce eterna di Sigieri,/ che leggendo nel vico de li strami,/ sillogizò invidiosi veri, des vérités qui le firent haïr.* (*Paradiso*, X, 136).

致　谢

我要感谢建议我写作这本小书的迪迪埃·埃里蓬，以及全力提供帮助的达尼埃尔·德菲尔——本书中出现错误在所难免，我负全责，与德菲尔无关。就像读者会看到的那样，让-马里·莎菲是我的哲学指导。米歇尔·阿尔邦出版社的艾莱娜·蒙萨克莱（Hélène Monsacré）使这本延宕了十二年的书最终面世。在编辑当中，她的确是最善于提供建议的，也是最为称职的一位。

译后记

保罗·利科在《法国史学对史学理论的贡献》一书中专门有一章论保罗·韦纳的史学思想，认为保罗·韦纳和德·塞都的工作代表了法国当代史学理论的重要贡献。当然，我们已经非常熟悉，保罗·韦纳在罗马史方面的著述早已奠定了他史学大师的地位。他在史学书写的思想与风格方面，有着米歇尔·福柯的影子，这一点也在德·塞都那里有所体现。作为福柯曾经的助手和长期的私人朋友，韦纳在福柯那里受惠良多，也对福柯有着相当不同的了解——所有这一切，都在他为福柯撰写的这部思想传记中记录了下来。

福柯与韦纳，一位哲学家，一位历史学家，他们都是思想界的翘楚，都在各自的工作中创造了"范式性"的范畴，他们两人也在相当长的时间里相伴而行、共同战斗。在这部篇幅不大的书中，韦纳为他的这位友人勾勒出了一幅生动鲜活的肖像，并尝试着标出他的这位友人的理论战场里那些重要的"场所"，甚至直言不讳地说出"福柯并不是你们所想的那样"，以此方式重启有关福柯思想遗产的争论。福柯是蒙田的信徒，是一位生活在现代的古典怀疑论者,是一位着迷于经验现象的谱系历史学家。在"独异"的事物——他认为,每个事物、每个人和事,都是"独异"的——的星丛中,发现使它们得到言说的"真理游戏",这就是福柯的工作。

韦纳的这本福柯思想传记出版之后,就有评论指出,这是一篇独一无二的证词,它的作者是非常熟悉福柯的历史学家,这部著作相当漂亮地直达福柯思想的核心,成功地驱散了福柯及其著作已有相关阐释的种种玄奥和迷误。将这部传记介绍给汉语学界,其意义也自不待言。

从20世纪50年代的《心理疾病与精神病》(1954)开始,经过《疯癫与文明》(1961)、《临床医学的诞生》(1963)、《死亡与迷宫:雷蒙·鲁塞尔的世界》(1963)、《词与物》(1966)、《知识考古学》(1969)、《规训和惩罚》(1975),直至《性经验史》(1976—1984),福柯以他独有的目光凝视着一个独特的哲学对象—"dispositif"。在福柯的知识学系统当中,当他侧重于通过该词表述社会结构中无形的权力系统网络中众多微观权力的"部署"之时,"dispositif"一词可被译解为"配置",而当他侧重于通过该词来指称监狱、医院、社会制度、国家机器、知识建构,乃至于技术手段、艺术技法、身体姿态等一切承载并表达权力"部署"的"物质性结构"之时，"dispositif"一词则可被译解为"装置"。在这个意义上说，福柯是一位"装置（配置）"思想家。

保罗·韦纳从密友的角度在他的这部福柯传记中重建了福柯思想的"装置"本身。在韦纳看来，福柯是一位"知识装置者"，他不是人类学家、历史学家、政治学家或哲学家，但却用这些学科的知识要素，配置起历史独异性真理的谱系学，从而驱散长期支配知识话语的充分性、普遍性、理性和超验性幻觉。韦纳就此描述了福柯所研究的三个基本领域：知识、权力和主体的形成机制，并引导我们通过"话语""决定""谱系""主体化"和"审美化"等概念及其联系，搭建起福柯庞大学术"装置"的内在机理。

在韦纳看来，福柯是一位"身份装置者"，他不是结构主义者，也不是人和主体的敌人，他不是马克思主义者、左派、"1968年思想"的理论家、海德格尔主义者，甚至也不是真正意义上的尼采主义者，但却在身份上兼具所有这些"主义"或"思想"的复杂同一性。福柯的怀疑主义注定使他与"左翼"保持着审慎的距离，对"回到事物本身"的独异性的坚持和对真理-权力谱系的关照，使福柯成为了海德格尔和尼采的双重批判性读者。

"知识装置者"和"身份装置者"：在这一双重意义上，福柯是一位独行侠。韦纳说在福柯那里最常见到的就是"策略（stratégie）"这个词，而无论是知识策略，还是身份策略，目的只有一个，即争取战斗的胜利——思想本身就是一场战斗。韦纳据自己的回忆记录了福柯在《领土、安全、人口》讲座课程中说的一段话："我不会告诉诸位这是你必须加入的战斗，因为我看不到我有什么理由这么说，唯一可能的动机或许来自一种审美标准（换句话说，这种说法没有任何道理或可能的合理性，它只不过是我的愿望，而愿望之为愿望，就在于它与口味或色彩一样，是可以受到争论的）。从另一方面讲，我所能做的就是描述确切的权力'话语'，我还将以同样的方式在诸位面前勾勒一幅策略'地图'。如果你希望去战斗并要在你所选择的战斗中坚持下去的话，那么你将通过这幅'地图'找到敌方抵抗最激烈的位置，并且找到该在何处撕开它们的突破口。"我们可以将之视作福柯的知识学方法论的核心要义。

  思想的战斗让福柯成为了一名"积极的怀疑论者"。韦恩认为福柯怀疑论不是一种复杂的学说，而是一种从无神论出发的心灵倾向，并得到知识理论（唯名论）的强化。福柯有足够的知识武器消除一般怀疑论者所固有的消极和悲观，他的知识武器就是"经验人类学"，"解释学实证主义"和对自由的信仰。

译者

二〇二三年五月

于陕西师范大学

壹卷
YE BOOK

让 思 想 流 动 起 来

官方微博：@壹卷YeBook
官方豆瓣：壹卷YeBook
微信公众号：壹卷YeBook
媒体联系：yebook2019@163.com

壹卷工作室
微信公众号